工商管理理论与实践前沿丛书

集团公司
产业生态系统构建及组合战略演进

唐建民 \ 著

CONSTRUCTION OF INDUSTRIAL ECOSYSTEM OF
GROUP CORPORATION AND THE EVOLUTION OF
INDUSTRIAL COMBINATION STRATEGY

经济管理出版社
ECONOMY & MANAGEMENT PUBLISHING HOUSE

图书在版编目（CIP）数据

集团公司产业生态系统构建及组合战略演进/唐建民著 . —北京：经济管理出版社，2018.10
ISBN 978 - 7 - 5096 - 6090 - 4

Ⅰ.①集… Ⅱ.①唐… Ⅲ.①企业集团—产业发展—研究—中国 Ⅳ.①F279.244

中国版本图书馆 CIP 数据核字（2018）第 240747 号

组稿编辑：王光艳
责任编辑：许　兵
责任印制：梁植睿
责任校对：张晓燕

出版发行：经济管理出版社
（北京市海淀区北蜂窝 8 号中雅大厦 A 座 11 层　100038）
网　　址：www.E - mp.com.cn
电　　话：（010）51915602
印　　刷：三河市延风印装有限公司
经　　销：新华书店
开　　本：720mm×1000mm/16
印　　张：12.25
字　　数：206 千字
版　　次：2019 年 10 月第 1 版　2019 年 10 月第 1 次印刷
书　　号：ISBN 978 - 7 - 5096 - 6090 - 4
定　　价：58.00 元

·版权所有　翻印必究·
凡购本社图书，如有印装错误，由本社读者服务部负责调换。
联系地址：北京阜外月坛北小街 2 号
电话：（010）68022974　邮编：100836

序 言

综观国内外集团公司多元化经营现状，许多公司的经营绩效并不理想，有的集团公司甚至因产业选择与组合管理不当而走向衰落。当前我国经济发展进入新常态，向形态更高级、分工更优化、结构更合理阶段演化的趋势更加明显，经济发展前景依然广阔，但提质增效、转型升级的要求也更加紧迫。在新的历史条件下，集团公司如何通过有效的产业组合管理来实现持续成长已成为实业界与学术界共同关注的热点。

国内外关于组合战略的研究成果曾对推动企业健康发展起到重要作用。但随着经济全球化、社会信息化的不断深入，新一轮科技革命和产业变革蓄势待发，企业面临的外部环境发生深刻变化。现有研究成果还不能很好地解决集团公司追求可持续发展所面临的产业组合问题。因此，本书基于企业生态学理论与企业成长理论，系统总结组合战略相关研究成果，提出并构建集团公司产业生态系统模型，并深入研究集团公司产业生态系统的运行机理、产业组合战略演进、主导产业属性维度及培育，等等。

本书在回顾集团公司定义及特征的基础上，结合企业生态学理论，界定集团公司产业生态系统的内涵。基于企业生态学与竞争优势角度解释集团公司产业生态系统的产生动因。在文献研究基础上提出构成集团公司产业生态系统的内部要素与外部要素，构建集团公司产业生态系统概念模型。采用多案例研究方法对大连万达、五粮液、海尔三家集团公司进行研究，探讨上述集团公司在产业生态系统运行、产业组合战略演进过程中的异同。基于探索性案例与文献研究提出集团公司产业生态系统运行机理"HC－S－PV模型"。本书聚焦产业组合战略演进，基于探索性案例与文献研究深入分析组合战略的演进过程、演进规律及演进动力。深入分析集团公司主导产业的概念及其属性维度，并进行实证研究。运用规范性分析方法研究提出主导产业培育的途径与手段。

本书的创新点主要体现在以下几个方面：

第一，构建集团公司产业生态系统概念模型。以企业生态学理论与企业成长理论为理论基础，吸收借鉴组合战略相关研究成果，创新性地构建集团公司产业生态系统概念模型，即"GCIE 模型"。"GCIE 模型"的内部要素包括集团总部、主导产业、平台产业以及非主导非平台产业；非主导非平台产业包括压舱石、蓝宝石、放大器与稳定器四种类型产业。按照上述产业分类进行组合管理，有利于集团公司更好地应对宏观经济波动、克服产业生命周期、提升组合优势以及把握外部发展机会。"GCIE 模型"的外部要素包括宏观经济环境、区域环境、产业环境及微观市场环境。基于集团总部价值创造视角，运用"能力—战略—绩效"分析框架，提出揭示集团公司产业生态系统运行机理的"HC-S-PV 模型"。根据"HC-S-PV 模型"的思想，集团总部首先应根据自身能力，结合外部环境，构建适合自身的产业组合，然后对各产业单元进行产业定位，并根据产业定位提供资源与实施管控；集团总部进行产业协同管控、提供产业平台，帮助各产业单元更好地发挥自身作用、创造并实现组合价值。"GCIE 模型"可为集团公司提供与管理实践联系更加紧密的产业布局分析框架。

第二，提出揭示集团公司产业组合战略演进规律的"双演进"模型。在探索性案例及文献研究的基础上，提出集团公司产业组合战略演进的"双演进"模型。随着集团公司能力的演进，产业组合战略也随之变化。集团公司产业组合战略演进过程表现为"主导产业培育—主导产业关联组合—主导产业非关联组合"；集团公司能力演进过程表现为"基础能力导向—核心能力导向—动态能力导向"。集团公司能力演进决定了产业组合战略演进。当集团能力处于基础能力导向阶段时，集团公司应选择主导产业培育战略；当集团能力处于核心能力导向阶段时，集团公司可选择主导产业关联组合与主导产业培育战略；当集团能力处于动态能力导向阶段时，集团公司可选择主导产业培育、主导产业关联组合与主导产业非关联组合战略。

第三，分析提出集团公司主导产业属性维度。基于文献研究提出集团公司主导产业的特征。围绕主导产业特征收集相关题项以形成初始问卷，并进行探索性因子分析。分析得出集团公司主导产业属性具有成长性、竞争力、支撑性与带动性四个维度，为集团公司培育主导产业提供更加明确的方向。

目 录

第一章 绪论 ··· 1

第一节 研究背景 ··· 1
一、现实背景 ··· 1
二、理论背景 ··· 2

第二节 研究意义 ··· 3
一、理论意义 ··· 3
二、实践意义 ··· 4

第三节 研究内容与研究方法 ··· 5
一、研究内容 ··· 5
二、研究方法 ··· 6

第四节 研究框架与结构安排 ··· 7
一、研究框架 ··· 7
二、结构安排 ··· 8

第二章 文献综述与理论基础 ··· 10

第一节 组合战略相关研究综述 ··· 10
一、业务组合规划研究 ·· 10
二、多元化战略研究 ··· 11
三、母合优势理论 ·· 15
四、产业维度企业战略理论 ··· 16

五、主导产业理论 ………………………………………………… 18
第二节　企业生态学理论 ………………………………………… 20
一、研究现状 ……………………………………………………… 20
二、研究述评 ……………………………………………………… 22
第三节　企业成长理论 …………………………………………… 22
一、研究现状 ……………………………………………………… 22
二、研究述评 ……………………………………………………… 31
第四节　本章小结 ………………………………………………… 34

第三章　集团公司产业生态系统的内涵界定、产生动因及模型构建 …… 35

第一节　集团公司产业生态系统的内涵界定 …………………… 35
一、集团公司的定义及特征 ……………………………………… 35
二、集团公司产业生态系统的内涵 ……………………………… 37
第二节　集团公司产业生态系统的产生动因 …………………… 38
一、企业生态学角度的解释 ……………………………………… 38
二、竞争优势角度的解释 ………………………………………… 40
第三节　集团公司产业生态系统的模型构建 …………………… 41
一、集团公司产业生态系统内部要素 …………………………… 41
二、集团公司产业生态系统外部要素 …………………………… 47
三、集团公司产业生态系统概念模型构建 ……………………… 50
第四节　本章小结 ………………………………………………… 53

第四章　集团公司产业生态系统运行与组合战略演进的探索性案例研究 …… 54

第一节　研究设计 ………………………………………………… 54
一、研究方法 ……………………………………………………… 54
二、研究步骤 ……………………………………………………… 55
三、案例企业的选择 ……………………………………………… 55
四、数据的搜集 …………………………………………………… 56
五、信度与效度 …………………………………………………… 56
第二节　单案例研究 ……………………………………………… 57

一、万达集团案例研究 ………………………………………… 57
二、五粮液集团案例研究 ………………………………………… 61
三、海尔集团案例研究 …………………………………………… 64
第三节　跨案例研究 …………………………………………………… 67
一、共性分析 ……………………………………………………… 67
二、差异性分析 …………………………………………………… 70
第四节　本章小结 ……………………………………………………… 73

第五章　集团公司产业生态系统运行机理与组合战略演进研究 …………… 75
第一节　集团公司产业生态系统运行机理研究 ……………………… 76
一、"能力—战略—绩效"分析框架 ……………………………… 76
二、"集团能力—集团战略"分析 ………………………………… 78
三、"集团战略—集团绩效"分析 ………………………………… 81
第二节　集团公司产业组合战略演进研究 …………………………… 85
一、产业组合战略演进过程分析 ………………………………… 86
二、产业组合战略演进规律分析 ………………………………… 94
三、产业组合战略演进动力分析 ………………………………… 102
第三节　本章小结 ……………………………………………………… 107

第六章　集团公司产业组合战略演进应用分析：以新希望集团为例 ……… 109
第一节　案例企业背景 ………………………………………………… 109
第二节　案例分析准备 ………………………………………………… 111
一、案例分析准备与目的 ………………………………………… 111
二、集团产业单元的角色识别 …………………………………… 112
第三节　案例分析内容 ………………………………………………… 113
一、产业组合战略演进过程分析 ………………………………… 113
二、产业组合战略演进动力分析 ………………………………… 120
三、产业组合战略演进的启示 …………………………………… 123
第四节　本章小结 ……………………………………………………… 124

第七章 集团公司主导产业属性维度及培育途径分析 ·········· 125

第一节 集团公司主导产业属性维度分析 ·········· 125
一、集团公司主导产业属性初始问卷形成 ·········· 125
二、集团公司主导产业属性的探索性因子分析 ·········· 129

第二节 集团公司主导产业培育途径分析 ·········· 140
一、集团公司主导产业培育战略途径 ·········· 140
二、集团公司主导产业培育战略手段 ·········· 142

第三节 本章小结 ·········· 146

第八章 本书总结 ·········· 147

第一节 主要研究结论 ·········· 147
第二节 主要研究创新 ·········· 149
第三节 管理实践建议 ·········· 150
第四节 研究不足与展望 ·········· 152

附 录 ·········· 154

附录一 五粮液集团公司实地调研访谈提纲 ·········· 154
附录二 集团公司主导产业属性调查初始问卷 ·········· 156
附录三 集团公司主导产业属性调查修正问卷 ·········· 160
附录四 万达集团发展历程简况 ·········· 164
附录五 五粮液集团发展历程简况 ·········· 166
附录六 海尔集团发展历程简况 ·········· 168
附录七 新希望集团发展历程简况 ·········· 170

参考文献 ·········· 172

第一章
绪 论

第一节 研究背景

一、现实背景

改革开放四十多年以来,我国企业发展经历了数量从少到多、规模从小到大的成长过程。我国已有100多家企业进入世界500强。随着集团公司的数量越来越多、规模不断扩大,集团公司在我国经济发展中的作用更加凸显。面对日益激烈的国际竞争,我国大型集团公司纷纷进一步突出主业,努力提升集团综合竞争力,以更好地适应外部环境变化,实现可持续发展。然而,随着技术进步日新月异、市场环境变化加剧、全球竞争日益激烈,企业实现可持续成长面临的挑战也越来越多。当前我国经济已进入新常态,产业转型升级不断深入。集团公司如何结合自身实际调整与优化产业组合来应对外部环境变化,是实业界普遍关注的热点。大连万达、海尔等一批集团通过有效实施产业组合战略,实现了集团组合价值,促进集团获得持续、健康、快速发展。与此同时,国内一批集团公司却因产业组合管理存在缺失或失误,发展势头减弱、发展速度下降,集团组合价值未得到应有发挥,影响了持续健康发展。在此背景下,集团公司的产业选择与组合经营问题更加受到重视。许多集团选择多元化经营战略来扩展自己的经营范围。但综观国内外集团公司多元化经营效果，许多集团的经营绩效并不理想，有的集团公司甚至因产业选择与组合管理不当而走向失败。如何进行产业选择与产业组合以获得集团可持续成长？如何适当地寻求集团多元化成长途径，适时、适度、适速地拓展经营范围？上述问题亟待解决。

二、理论背景

纵观企业战略理论演进历程，古典战略理论中的企业战略主要基于既定产业的市场竞争；竞争战略理论中的企业战略主要基于产业选择的产业内竞争；能力战略理论的主流观点认为，企业战略的关键是创造一个新产业。余光胜（2008）将产业维度的企业战略理论总结为"产业致胜战略理论"，其核心思想是立足产业全局来审视企业经营发展问题，产业命运决定企业命运。20世纪80年代，以价值为基础的公司层战略开始流行，引发人们对公司整体价值的关注。学术界出现了以资源为基础的战略观、愿景驱动式管理理论、核心竞争力理论以及母合优势理论等有代表性的理论。公司总部的价值创造主要是通过对公司资源与能力的利用与配置，以及下属业务或附属企业的管控来实现。集团公司如何通过发掘和创建组合优势、创造组合价值来实现持续健康发展，现有研究的深度和系统性还不够。业务组合规划技术核心思想是强调"平衡"，即业务组合应由在利润率、成长性和现金流方面具有互补性的业务组成。业务组合规划强化了公司成长及原本建立于一般管理技能上的多元化发展的良性循环。但业务组合规划技术仅基于业务层面探讨组合管理问题，并未从产业层面进行探讨。多元化是集团成长的一种途径，产业多元化的目标并不在于某一单项指标最优，而是追求各项指标综合后的整体效果最优。多元化存在"度"的问题，"度"的差异将导致"质"的区别，过度、过快多元化都可能给集团发展带来损失。我国学术界对集团公司多元化经营问题虽已有诸多研究，但在以下方面还存在改进空间：集团多元化经营的根本原因、集团多元化经营的战略举措、完整的多元化战略体系的构建等。本书基于产业生态的视角探讨集团公司战略，将进一步丰富公司层战略尤其是集团公司战略的研究。

第二节 研究意义

一、理论意义

近年来生态学理论在管理研究领域被广泛应用。组织生态学为企业战略研究提供了新视角。Aldrich 和 Auster（1986）指出，基于组织生态学的战略观与主流的战略理论存在较大的差异；主流战略理论强调个体组织对竞争与环境的适应，它要求组织具有很强的学习能力和变革能力；而组织生态学观点强调对环境的适应过程发生在种群和产业层次，而非在组织个体层次。集团产业生态系统是上述理论在新时代的产物，是生态系统思想在"集团公司"中的应用。本书主要具有以下理论意义：

（一）进一步丰富产业维度的集团公司战略研究

目前学术界对集团公司的理论研究还不能完全满足集团管理实践的需求。许多学者从集团管控、产融结合、集团总部的作用等角度对集团公司战略展开研究。集团公司究竟该如何进行有效的产业组合以实现持续、健康、快速发展的问题尚未得到很好的解决。本书基于产业生态系统研究集团公司产业生态系统的模型构建与运行机理、产业组合战略演进、主导产业属性维度及培育战略，进一步丰富产业维度的集团公司战略研究内容。

（二）进一步深化集团公司层面的组合战略的研究

集团公司战略管理的关键在于从产业角度出发，立足产业全局来审视经营发展问题。产业致胜战略理论以产业活动和能力要素作为战略分析的基本单位，认为企业战略应该是在商业生态中基于能力要素的产业活动组合；但该理论并未对产业组合战略进行系统研究。本书在研究集团公司产业生态系统运行机理的基础上，探讨产业组合战略演进的过程、规律及动力，进一步深化了集团公司层面的组合战略研究。

二、实践意义

近年来,我国一些集团公司的产业布局既看不到各产业板块之间的内在相关性,也缺乏整合的方略。在激烈的市场竞争中,诸多集团公司难以保持可持续成长。统观众多国际知名企业的成长之路,大部分企业在发展过程中并不是都及时调整了自己的产业组合。基于此,本书的实践意义如下:

(一)为集团公司进行产业布局提供分析框架

集团公司在发展过程中不可避免地要进行产业布局,如何进行科学有效的产业布局,事关集团生存、发展。因此,集团公司在经营实践中急需一个分析框架来指导其进行产业布局。集团产业生态系统运行以及产业组合战略演进相关理论的提出,可为集团公司根据自身所处发展阶段、内外环境等进行科学产业布局提供指导与借鉴,同时也能帮助集团公司发现自身在产业布局方面存在的不足并及时改进。我国集团公司在寻求发展中早已走向了多元化经营的发展道路,但由于缺乏相应的理论指导,部分企业进入盲目多元化、过快多元化的误区。本书提供的分析框架可以帮助集团更好地走出多元化的误区。

(二)为集团公司产业单元之间的协同提供基础

集团公司大多拥有多个产业,如何进行产业单元之间的协同事关集团整体运行效率与效益。本书将集团的产业单元划分为主导产业、平台产业、压舱石产业、蓝宝石产业、放大器产业、稳定器产业六种类型,不同类型的产业单元在集团公司内部发挥着不同的功能与作用。集团总部可根据各产业单元的类型进行产业间的协同管控,通过精准的产业协同管控来更好地发挥组合优势与实现最大化的组合价值。

(三)为集团公司提升竞争力提供新的思路

集团公司之间的竞争不仅体现在单个的产业单元之间,也体现在集团总部、平台产业以及产业之间的协同等多个方面。集团公司提升竞争力,不仅要培育更多竞争力强且规模大的产业,也应从集团总部、平台产业、产业协同等方面着力,全方位提升集团公司竞争力。

(四)为集团公司更好地适应外部环境变化提供系统的应对思路

外部环境变化不断加快,集团公司须及时进行集团总部能力建设、优化产业组合等。集团公司产业生态系统与外部要素的宏观环境、产业环境、区域环境、市场环境存在协同演化关系。集团公司应实时关注上述环境变化,持续提升自身的动态能力,及时、主动地应对外部环境变化,促进集团的持续、健康发展。

第三节 研究内容与研究方法

一、研究内容

本书的研究目的是,在综合研究目前组合战略相关文献的基础上,以企业生态学理论与企业成长理论为理论基础,科学界定集团公司产业生态系统,探讨集团公司产业生态系统运行机理;研究属于集团公司产业生态系统重要组成部分的主导产业以及产业组合,分析主导产业属性维度及培育,深入研究产业组合战略演进的过程、规律以及动力,为集团公司构建产业生态系统、实现可持续发展提供理论指导。

研究内容主要包括:

(一)集团公司产业生态系统模型的构建

在回顾集团公司定义及特征的基础上,结合企业生态学理论,界定集团产业生态系统的内涵;并分别基于企业生态学与竞争优势角度对集团公司产业生态系统的产生动因进行解释。在文献研究的基础上,提出构成集团公司产业生态系统的内部要素与外部要素,并构建集团公司产业生态系统概念模型。

(二) 集团公司产业生态系统的运行机理分析

在明确集团产业生态系统构成要素之后，需进一步研究系统内部各要素之间具体存在怎样的相互关系。本书首先进行探索性案例研究，然后基于文献研究、集团总部价值创造相关理论，运用"能力—战略—绩效"分析框架，提出揭示集团公司产业生态系统运行机理的"HC-S-PV模型"。

(三) 集团公司产业组合战略的演进过程、演进规律及演进动力研究

集团公司培育自身能力需要一个过程，集团通过实施产业组合战略、产业平台战略、产业协同战略来构建产业生态系统也需经历较长时间。集团公司产业生态系统演化的本质是集团与环境之间通过协同进化达到动态匹配状态。本书聚焦产业组合战略的演进，在探索性案例与文献研究的基础上，深入研究组合战略的演进过程、演进规律及演进动力。

(四) 集团公司主导产业属性维度及培育研究

作为集团公司产业生态系统的重要组成部分，主导产业在集团发展中发挥着重要作用。在文献研究与问卷调查、访谈的基础上，深入分析集团公司主导产业的概念及其属性维度，并进行实证研究。在此基础上，通过规范性分析，研究提出主导产业培育的战略途径及战略手段。

二、研究方法

本书力图将理论研究与管理实践紧密结合，避免提出的理论脱离实际。在研究过程中，一方面，从规范角度提出并构建集团公司产业生态系统以及产业组合战略演进的过程、规律与动力；另一方面，运用实证研究方法对集团公司主导产业属性进行实证分析，选择国内具有代表性的集团公司为研究对象，对其产业组合战略演进进行全面考察和系统研究。为解决既定研究问题、实现既定研究目标，本书主要还采用了以下研究方法：

(一) 文献研究法

为系统分析组合战略理论发展脉络，本书首先对组合战略相关研究进行详细

梳理、收集、阅读大量与组合战略相关的文献资料。在此基础上，筛选出与产业组合战略紧密相关的业务组合规划、多元化战略、母合优势理论、产业维度企业战略理论以及主导产业理论，并对上述理论进行重点研读与分析，找出其对集团公司产业组合战略研究的启示。然后对企业生态学理论与企业成长理论进行回顾与总结，进而明确本书的研究问题和分析思路。

（二）案例分析法

井润田、宁静和张远（2008）认为，案例研究是管理研究的一种重要方法，它通常从实际的企业现象出发提出理论命题，通过资料收集、案例编写、案例分析推导出研究结论。Eisenhardt认为，案例研究的优点在于可以产生新的理论，并且理论的效度比较高。此外，案例研究有利于通过沟通获取丰富的信息，进而引发更全面的理论思考，为下一步的实证研究提供基础性材料。案例分析法具有理论构建与理论验证两种功能。本书第四章运用探索性案例研究方法，研究集团公司产业生态系统运行机理及产业组合战略演进，为后续理论研究奠定基础。本书第六章运用案例验证分析方法，展示集团公司产业组合战略演进理论的应用。

（三）访谈与问卷调查法

在对五粮液集团的探索性案例分析以及主导产业属性维度研究过程中，对集团公司相关人员进行访谈，收集第一手资料。本书第七章围绕集团公司主导产业特征，参照有关研究文献，完成了相关量表的修正。通过问卷调查及量表测量，分析得出集团公司主导产业属性的四个维度。

第四节　研究框架与结构安排

一、研究框架

本书以企业生态学、企业成长理论以及组合战略相关研究作为理论基础，提出并构建集团公司产业生态系统概念模型,并对集团公司产业生态系统运行机理、集团产业组合及主导产业进行深入研究。遵循不同研究类型需匹配不同研究方法的原则,本书主要采用的总体研究框架如图1-1所示。

二、结构安排

根据图1-1所示的研究框架,本书内容结构拟做如下安排:

第一章　绪论。主要介绍研究背景与研究意义、研究内容、研究方法及研究框架等内容。

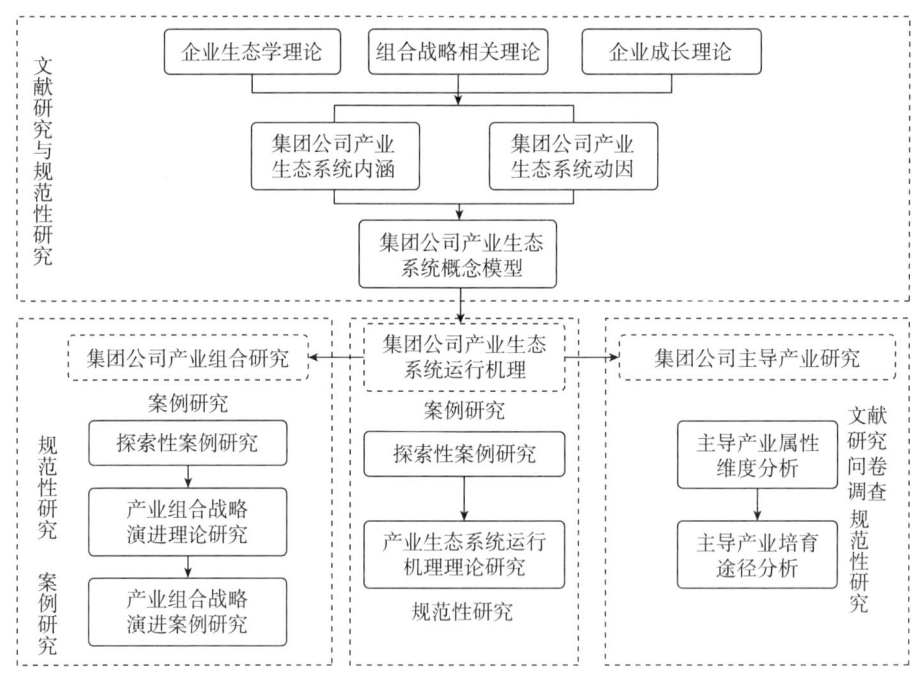

图1-1　本书的研究框架

第二章　文献综述与理论基础。系统回顾组合战略相关研究、企业生态学、企业成长理论等研究成果,通过系统的文献分析,梳理出本书的理论脉络。

第三章　集团公司产业生态系统的内涵界定、产生动因及模型构建。在回顾集团公司定义及特征的基础上，界定集团公司产业生态系统的内涵；并从企业生态学与竞争优势角度解释集团公司产业生态系统产生动因。在分析提出集团公司产业生态系统的内部要素与外部要素的基础上，提出集团公司产业生态系统的概念模型。

第四章　集团公司产业生态系统运行与组合战略演进的探索性案例研究。采用探索性案例分析的研究方法，选取国内具有较高知名度和典型代表性的三家集团公司作为样本企业，进行多案例研究，分析样本集团产业生态系统构成及其运行、产业组合战略的演进过程，为后续理论研究奠定基础。

第五章　集团公司产业生态系统运行机理与组合战略演进研究。在文献研究和探索性案例分析的基础上，提出揭示集团公司产业生态系统运行机理的模型。并运用规范性研究方法，分析集团产业组合战略演进的过程、规律及动力，提出产业组合战略演进规律模型。

第六章　集团公司产业组合战略演进应用分析：以新希望集团为例。选取新希望集团有限公司作为研究对象，运用产业组合战略演进的理论解读新希望集团发展成功之道，透过经营案例说明产业组合战略演进理论在样本企业战略管理中的作用。

第七章　集团公司主导产业属性维度及培育途径分析。在文献研究的基础上，借鉴企业核心业务相关理论、主导产业理论以及产业维度企业战略理论，分析集团公司主导产业概念及其属性，并进行探索性因子分析，得出主导产业属性的四个维度。在此基础上，分析集团主导产业培育的战略途径及战略手段。

第八章　本书总结。包括主要结论和局限及未来研究方向。

第二章
文献综述与理论基础

第一节 组合战略相关研究综述

总结现有研究者对组合战略的研究成果,本节重点对业务组合规划、多元化战略、母合优势理论、产业维度企业战略理论以及主导产业理论进行综述。

一、业务组合规划研究

20世纪60年代,国外宏观经济环境发生变化,低增长与高通胀的经济环境以及激烈的市场竞争给企业生存、发展带来压力。公司管理层越来越认识到科学分配资源、确定目标以及选择性开展并购的重要性。面临资源分配的难题,众多企业纷纷向管理咨询公司求助。这些咨询公司于20世纪70年代引入了业务组合规划(Portfolio Planning)技术。通用电气公司开发的"产业吸引力—业务地位"矩阵、波士顿咨询公司的"成长—市场份额"矩阵以及其他咨询公司开发的各种管理工具,被用来对业务加以分类,分类的依据是其战略定位与发展机会。业务组合规划技术核心思想是强调"平衡",即业务组合应由在利润率、成长性和现金流方面具有互补性的业务组成;业务组合规划技术不仅是指导公司将资源配置于有利机会的分析工具,也逐渐成为公司战略的基础。波士顿矩阵、通用电气

（GE）矩阵等组合管理矩阵对集团公司产业组合管理具有一定的启示。波士顿矩阵的目的是促进企业可持续发展的同时实现利润最大化，其实现目的的手段是在所有战略业务单位之间配置有限的现金资源。但波士顿矩阵过度依靠业务成长速度与市场份额的历史数据，未充分考虑业务未来市场份额及行业竞争变化；波士顿矩阵用市场增长率衡量市场吸引力，用相对市场份额衡量业务实力，只用单一指标衡量某一维度，因过于简化而易导致判断结果与实际不相符；该矩阵只强调现金流对资源配置的决定作用，割裂了业务单元间的内部关联。通用电气矩阵也得到较为广泛的应用，其有以下优点：考虑了大量的分析变量，使经营分析更加有效和准确；考虑了一系列将来潜在的应用变量；在每个维度增加了中间等级，让企业对业务单位类型的划分更为精确。但通用电气矩阵也存在以下不足：对各种不同因素的评估难度大，指标的最后聚合比较困难；未考虑战略业务单元之间的相互作用关系。

生命周期组合（ADL）矩阵从产业的动态分析出发，按照生命周期理论指导企业在不同阶段根据自身竞争实力选择相应的战略决策；生命周期组合矩阵将企业竞争地位分为五类，再加上产业生命周期的四个阶段，得到的矩阵划分业务类别更加精确。生命周期组合矩阵的不足：当产业周期不明显或产业界限划分不明晰时，生命周期组合矩阵的应用便受到很大局限；由于不同产业之间存在营利性的差异，生命周期组合矩阵选择产业生命周期来代表市场吸引力，仍存有一定缺陷。三层面增长理论从时间维度对公司业务类型进行划分，将业务分为三个层面；不同层面的业务为公司做出不同的贡献，充分体现了企业追求可持续发展的目的；该理论的不足在于，仅从时间维度考虑业务类型划分，未考虑业务之间的关联性，以及这种关联性给公司带来的影响。

二、多元化战略研究

（一）研究现状

从20世纪50年代开始，德鲁克（Drucker）等学者开始提出：好的管理者应当掌握某些可适用于任何业务的一般管理原理。职业经理人可将其管理技能应用于各种各样的业务领域。事业部结构与"一般管理者"理论的兴起，为20世纪60年代和70年代的多元化战略提供了良好的实施氛围。只要某些公司的基本业务趋于成熟，该公司的经理们就会寻找新的业务领域来谋求增长机会。多元化既可作为实现公司增长目标的手段，也可将风险分散于不同的产业部门。

1. 多元化的管理逻辑

伴随企业多元化实践发展，多元化管理的理论也经历了一般管理技能、资产组合规划、核心竞争力、母合优势等几个阶段。总体来看，多元化的管理逻辑呈现出一种由通用性向专有性不断演进的过程。

（1）一般管理技能与企业广泛多元化。早期多元化经营可追溯到20世纪五六十年代。该时期，多元化企业的管理主要关注点集中在业务层面，尚未出现"企业战略"的概念。管理的目的是提高企业绩效；许多学者继承了古典管理学派代表人物法约尔对一般管理原理的研究，关注企业面临的共同管理问题。根据卡茨（1955）的观点，职业经理从一个行业转到另一个行业，他们的人际交往技能和认知技能会发挥重要作用，从而弥补他们在新岗位技术层面的不足。基于不同的业务经营需要相似的管理技能这一假设，职业经理所拥有的管理技能可在不同业务之间应用。

（2）业务组合规划与均衡多元化。20世纪60年代末至70年代初，企业面临广泛多元化的难题，这使企业更加重视"战略管理"。巴欧（1972）通过研究认为，企业在不同业务单元的投资决策除建立在财务比较基础上，还应综合考虑战略业务单元的产品和市场决策。20世纪70年代开发出的业务组合规划技术获得多元化企业的广泛认同。业务组合规划矩阵根据市场机会和市场竞争力对业务单元进行分类，有助于为不同业务确定合适的目标和资金分配决策，达到均衡业务组合。即企业的各个业务在营利性、成长性和现金流方面实现相互补充、达到平衡。

（3）核心竞争力与相关多元化。彼得斯和沃特曼（1982）研究发现，大多数经营取得成功的企业并未实行广泛多元化，而是专注于某些特定行业，并在自身最擅长的领域集中精力提高竞争力。20世纪90年代，核心竞争力理论学派发展壮大，成为企业相关多元化的重要理论支撑。核心竞争力理论使企业成功多元化的基础从产品或市场的一般相关性转变为核心竞争力的战略相关性。

（4）母合优势与有限多元化。母合优势理论认为，母公司开展多元化业务经营时，应考虑以下三个基本要素：业务的关键成功因素；业务单位绩效改善提高的机会；母公司的技能与资源。母合优势的创造主要取决于母公司的技能和资源同业务的需求是否相匹配。

2. 多元化的动因

基于已有研究，对企业的多元化动因归纳如下：

（1）追求市场机会。追求市场机会是公司开展多元化经营的重要原因。大多数企业面临良好的市场机会时难以抗拒进入新行业的冲动。其中一个重要的原因是企业管理者希望通过扩张来快速发展企业，增加所拥有的支配权利。黄山、宗其俊和蓝海林（2006）认为，中国企业集团多元化的动机之一就是追逐短期利润的动机；当经济发展、政策出台、技术进步造就新的行业机会时，企业会纷纷进入；然后通过多元化形成的内部资本市场，补贴其他企业或寻找新的投资机会，迅速扩大企业规模。中国企业集团面临的市场机会主义包括新兴行业带来的投资机会以及由行业逐步开放所带来的进入机会。

（2）克服产业生命周期。产业成长是一个产业从萌芽、产生到衰退的整个过程。当现有产业停滞、衰退或竞争压力增大，企业被迫寻求其他生存与发展空间。此时，企业的核心业务绩效持续下降，尤其是整个行业的发展并未呈现下降趋势时，说明企业在该行业的发展受阻，企业希望通过多元化向其他业务发展以实现业务转型。我国企业集团的多元化与产业生命周期存在着密切关系。当一批行业处于成熟期与衰退期，而另一批行业处于形成扩张期时，很容易形成多元化高潮。

（3）获取内部关联。迈克尔·波特认为，企业多元化成长使新业务与原有业务建立关联，这种关联所带来的收益除了能补偿关联的成本之外，还能使得企业比竞争对手更富有竞争优势。业务单元之间的关联包括有形关联、无形关联和竞争对手关联。有形关联是指业务单元之间可以共享客户、渠道、技术和其他资源；无形关联涉及不同价值链之间管理专有技能的转化；竞争对手关联则是对竞争对手行动的影响。黄山、宗其俊和蓝海林（2006）强调，中国的企业集团只有少部分是出于规模经济、"协同效应"和增强市场影响力的需要而实施限制性相关多元化。业务互补、协同作用、范围经济是相关多元化的一个重要原因。主张适度多元化的学者认为，企业应该尽量利用不同业务之间的范围经济，以获得协同效应，降低成本。

（4）利用公司过剩资源。利用剩余资源是常见的一种多元化动因。物理资源与其他实物资源的应用通常是有限的,而无形资源则可广泛应用。比如耐克的品牌资源可以应用到运动鞋、运动服装、运动器械等多种业务。企业一旦形成核心竞争能力,其经营中就会形成大量的资源剩余。这些资源有三种存在形式:一是企业突出的核心竞争能力使经营资源剩余呈现非均衡分布;二是经营资源剩余的溢出较为均衡,各资源要素间具有较高的匹配性;三是企业经营资源剩余是企业形成核心竞争力过程中所积累的一种独具特色的无形资源。

(5)分散公司风险。马可维茨在1952年创立的现代资产组合理论,为多产业组合经营能分散风险的观点提供了基础。学术界与产业界普遍认为,公司通过多元化的产业组合来分散经营中的非系统性风险。多元化投资项目的相关度越低,分散风险的能力越强。彭罗斯(Penorse,1959)在研究企业成长的文献中强调了风险和不确定性对企业成长的影响;她指出风险包括损失的可能性和损失的程度;由于风险性的投入带来的损失不仅仅是资金上的,它可能危及企业在资金市场上的地位,企业对市场变化的应变能力等。企业经营单一的行业,容易受到该行业周期性波动的影响。随着集团主业发展速度放缓、利润趋薄,经营者开始重视多元化分散风险的作用。因此,分散风险也是企业多元化的动机之一。

赵蓓、袁政慧(2011)综述了组合战略的理论来源与研究成果,采用福建泉州鞋服产业的数据,论证了组合战略与企业绩效之间的关系。吴国鼎、张会丽(2015)以我国上市公司为研究样本,检验了企业进行多元化经营对其财务风险的影响。研究结果表明:多元化经营并不能有效分散企业财务风险。企业应该对多元化经营中可能产生的财务风险给予足够的重视,并在多元化经营与风险控制之间进行权衡,以科学地控制企业扩张步伐,维持企业的可持续发展。

(二)研究述评

多元化战略理论对集团产业组合研究有以下启示:

其一,多元化的管理逻辑从依赖内部职业经理的一般管理技能,到注重外部业务吸引力的资产组合规划、强调内部战略相关性的核心竞争力,再到关注内外匹配的母合优势理论,呈现出一种由通用性向专有性不断演进的过程。随着集团公司外部环境的变化,集团产业组合的管理逻辑也会随之发生变化,将更加强调集团产业单元之间的相互联系以及对外部环境的适应性。

其二,多元化的动因主要包括追求市场机会、克服产业生命周期、利用公过剩资源、获取内部关联、分散公司风险等。这也从某种意义上说明，集团公司要实现持续成长，必须建立完善的产业组合，来获取市场机会、克服产业生命周期、利用过剩资源、获取产业之间的关联以及分散风险。

总之，学者在考察多元化战略的管理逻辑、多元化动因等方面进行了大量研究。但在外部环境高度动态化、信息技术与互联网技术对经济社会发展产生深远影响的背景下，集团公司产业组合战略需要新的视角来探索集团战略管理实践背后的规律。

三、母合优势理论

伦敦战略管理研究中心的学者古尔德、坎贝尔和亚历山大于1994年提出"母合优势理论"（Principles of Parenting Advantage）。母合优势理论以母公司创造价值为出发点，寻求母公司运作方式与业务改进机会的契合。该理论认为，多业务公司的业务单位通过与顾客的直接接触创造价值，母公司的基本作用应是以一种能够增进现有业务组合整体绩效的方式对业务施加影响。母合优势理论认为，母公司创造价值有业务影响、连接影响、职能和服务影响、公司发展活动四种途径。迈克尔·古尔德等在母合优势理论中还提出了母合匹配矩阵；该矩阵包括两个维度：业务的关键成功因素与预期母合特征错配程度，业务的母合机会与母公司预期价值创造洞见契合程度。根据这两个维度，该矩阵将公司业务分为核心区业务、核心区边缘业务、压舱区业务、异质性业务、价值陷阱业务五类。国内学者魏丽娜（2006）认为，母合优势理论是一种整合思维的较全面的决策方法。黄咏梅（2007）对母合优势理论给予高度评价，并指出中国企业集团的母合优势严重缺失。周杰（2009）通过实证研究发现，母公司显著地影响了上市子公司的经营绩效，反映了母公司对多元化战略实施的重要作用。敬永春（2010）指出，经济学角度的母合优势体现在规模经济、范围经济，降低交易成本等；管理学角度的母合优势体现在节约运行成本、提高运行效率、提升竞争力等方面。陈弘（2011）基于母合优势理论分析了母子公司协同机制运行原理，综合运用母合优势理论与协同理论指导母子公司协同。

母合优势理论在学术界和实践领域均产生广泛的影响。其优点主要有：一是将母公司特征对业务单元的影响纳入业务组合管理中，强调母公司为子公司或业务单位创造价值;二是提出母公司创造价值的四种类型,具有重要的理论与现实意义;三是提出了平台业务,进一步丰富了组合管理中对业务类型的研究;四是填补了核心竞争力概念的不足,提供了有效制定公司战略计划的工具——母合矩阵。同时,母合优势理论也存在以下不足:其一,母合匹配矩阵将公司的业务分为核心区业务、核心区边缘业务、压舱区业务、异质性业务、价值陷阱业务五类,但缺乏具体的评价标准,实践应用时难以划分业务类型;其二,母合匹配矩阵的主要功能是帮助公司找出最易提高绩效、能创造最多价值的业务,未考虑各业务已经为母公司做出的贡献;其三,母合矩阵未考虑业务单元之间的关联性。

四、产业维度企业战略理论

企业战略理论产生于20世纪60年代,企业战略由企业适应环境变化而采用的长期计划、战略计划逐渐演变而来。20世纪70年代在学术界和实业界均出现了"战略管理热"。20世纪80年代早期,企业战略理论因引入产业竞争分析及竞争战略而得到进一步发展。到了20世纪80年代后期和90年代早期,实业界开始重点关注企业内部因素,将企业的资源、组织能力和流程等视为企业盈利的基本源泉和制定长期战略的基础。20世纪90年代中期,以核心能力为基础的企业战略理论基本上主导了战略理论的研究。纵观企业战略理论的演进历程,可发现其发展存在以下发展轨迹:关注企业内部(古典战略理论)—关注企业外部(竞争战略理论)—关注企业内部(能力战略理论)。

(一)古典战略理论

古典战略理论的核心思想可概括为:①企业只有适应环境才能求得生存与发展;适应环境是企业战略的出发点。②提高企业产品的市场占有率是最终的战略目标。③强调如何以企业现有的或计划的资源与目前外部环境中的机会相配合,以及各种资源如何在企业战略经营单位和经营活动之间配置。④组织结构适应企业战略。古典战略理论从既有的产业市场出发,使企业适应环境,其实质就是在一个已经结构化的产业内寻求企业生存和发展的空间。结构化的产业是指"发育已成熟、产品概念已十分清晰、产业界限已固定的产业"。余光胜(2008)认为,产业结构化程度越高,产业内的竞争强度就越大,企业的选择余地也越小。

(二) 竞争战略理论

迈克尔·波特将产业组织理论引入企业战略的研究中,提出了竞争战略理论。

1. 该理论的核心内容

①通过产业结构分析来选择有吸引力的产业;②利用成本领先地位和产品差异化来取得竞争优势;③开发有吸引力的价值链。

2. 波特的竞争战略理论的主要贡献

①竞争战略是产业视角下的企业战略;②认识到追求市场占有率的短视性;③注意到竞争对手的反应;④从逻辑上提出培育竞争优势的根本途径。

3. 该理论的局限

①以现存产业选择为基础的竞争战略理论并不彻底;②"产业结构稳定"这一适应条件已发生变化。

(三) 能力战略理论

企业能力理论的诞生导致企业战略及战略管理重心从企业生存的外部环境转向企业的内部资源与能力条件,从关注产业结构分析到注重企业能力尤其是核心能力建设。哈默尔和普哈拉的企业核心能力理论认为,市场竞争是基于企业核心能力的竞争。企业的经营是否成功已不完全取决于企业向市场提供的产品、市场结构等因素,而更依赖于企业对市场变化反应的能力。如何培育企业的核心能力是企业制定战略的出发点和归宿。基于核心能力的企业战略理论将全程竞争视为战略基础。

通过上述企业战略理论的发展演进过程,可清晰地看到企业战略理论背后隐藏着一条有关产业的主线。在对企业战略与产业关系问题的处理上,不同阶段的战略理论所持观点有明显差异。余光胜(2008)将产业维度的企业战略理论总结为"产业致胜战略理论",其核心思想是企业战略的产业经营观,即产业命运决定企业命运。良好的企业战略应当使企业成为产业发展的主导者,企业战略管理的关键在于从产业角度立足产业全局来审视企业经营发展问题。产业致胜战略理论以产业活动和能力要素作为战略分析的基本单位,认为企业战略应该是在商业生态中基于能力要素的产业活动组合。产业活动是指产业运行各环节的构成要素。能力要素是指企业所拥有的能够创造顾客价值的独特要素，由企业所拥有的特定资源和能力构成。产业致胜战略虽然从产业维度构建了"产业选择—产业优化—产业创造"的分析框架，但是关于产业组合的问题，却未进行分析。对于行业多元化的集团公司而言，产业的组合经营是必须面对的重大问题。集团公司如何能够从创立到产业经营、最终实现可持续发展，现有企业战略理论还没有现成的理论能对此进行解释。

五、主导产业理论

(一) 主导产业的定义及特征

美国著名经济学家艾伯特·赫希曼最早提出主导产业的概念。赫希曼主张，在资源有限的发展中国家，应采取不均衡求均衡的发展战略。20世纪美国发展经济学家罗斯托对主导产业理论进行了系统研究。罗斯托从经济史的研究出发，探讨经济发展的理论，强调主导产业的作用，并用来解释现代经济增长。罗斯托将经济成长各阶段划分为传统社会、为起飞创造前提阶段、起飞阶段、向成熟推进阶段及高额群众消费时代。在经济成长的各个阶段都存在相应的起主导作用的主导产业。主导产业在产业结构中占有较大比重，对整个国民经济和其他产业发展具有很强的向前拉动或向后推动作用。罗斯托在1960年出版的《经济成长的阶段》一书中指出，主导产业是能有效进行创新、具有高增长率，并能带动国民经济中其他产业发展的部门。在经济增长不同阶段，都会形成增长速度快、具有很强生产力的主导产业。这些产业不仅自身发展，还会带动其他产业发展，从而推动国民经济持续增长。其中，主导产业具有以下特征：一是依靠科技进步，获得新的生产函数；二是形成持续高速的增长率；三是具有较强的扩散效应，对其他产业乃至所有产业增长起决定性作用。

(二) 主导产业选择相关理论

目前学术界采用的主导产业选择标准主要有以下四种：一是产业关联度基准（Hischman Criteria）；1958年赫希曼在《经济发展战略》中提出应将产业关联度作为主导产业选择基准之一。二是筱原两基准（Xiaoyuan Criteria）。日本学者筱原三代平提出主导产业选择应遵循"收入弹性"和"生产率上升率"两条标准。三是罗斯托基准（Rostow Criteria）。罗斯托提出主导产业选择应包括具有较高增长率和较大规模、能带动相关部门经济增长两方面。四是相对比较优势基准（Relatively Comparative Advantage Criteria）。主要体现产业竞争优势，包括资源、地理环境、技术、人才和产业规模等方面的相对优势。刘颖琦（2006）认为，目前国内的研究主要从环境经济、社会统计和环境生态等角度进行，将市场潜力、相对优势度、产业规模与产业的关联度作为选择主导产业的基准。主导产业选择方法一般是从区内外比较优势、产业关联、市场潜力三方面来衡量。胡建绩和张锦（2009）从动态的经济长周期交替演变思想出发，研究主导产业的选择问题，提出主导产业选择矩阵。曾淑婉和郭亮（2014）构建了一个三维互动的主导产业选择基准框架：一是区域关联维度，主要分析区域间产业联动和区域经济的空间相关性对区域产业发展的影响；二是区域产业发展基础维度，主要反映本区域现有的产业基础、技术条件和发展环境，是对区域产业发展自身能力的衡量；三是区域产业发展潜力维度，重点考察前瞻性、前沿性技术与政府政策导向等对产业发展前景的作用。

（三）研究述评

主导产业理论对研究集团公司成长有以下启示：

其一，主导产业理论认为，经济成长阶段的交替表现为主导部门顺序的变化，现代经济发展实际上是产业部门的成长过程。集团公司的发展实际上体现为各产业单元的成长；随着集团公司的发展，其产业单元组合也会随之发生变化。

其二，主导产业理论将国民经济各产业部门在各国经济增长中所作贡献的差异分为三类：主导产业部门、补充增长部门和派生增长部门。在集团公司中，根据各产业单元对集团的作用与贡献，也可对产业单元进行功能定位、分类管理，更好地发挥集团的组合优势、实现组合效应。

其三，主导产业理论认为，经济成长阶段的更替表现为主导序列的变化，即主导产业出现由兴盛到衰退的生命规律。若集团公司内部存在类似的主导产业单元，那么主导产业也会随着集团的发展而不断更替。

其四，主导产业选择理论认为，应将市场潜力、相对优势度、产业规模与产业的关联度等作为选择主导产业的基准。这对集团公司选择类似主导产业的产业单元有重要启示。应综合考虑其竞争力、发展潜力以及与集团其他产业单元的关联性等因素。

第二节 企业生态学理论

一、研究现状

1. 企业生态学概述

企业生态学将企业与生物有机体进行比较，根据生态系统、生态平衡、协同进化等原理与机制，研究企业内部各要素之间以及企业与外部环境间的相互关系。通过研究企业发展中遇到的问题与成长现象，分析企业成长规律，为企业管理实践提供理论依据。企业生态学（Business Ecology）研究可分为企业个体生态学、企业种群生态学、企业群落生态学、商业生态系统生态学。其中，企业个体生态学（Enterprise Ecology）是以单个企业为考察对象，探讨企业与其所在环境系统之间的相互关系，研究环境因素及其变化对企业的影响，以及企业对环境因素变化所产生的反应。企业种群是在同一时期、一定空间地域内的同种或同类（同行业或其产品具有相互替代功能）企业的集合。企业种群生态学（Enterprise-race Ecology）是研究企业种群内部各成员之间、企业种群（或其成员）与其他企业种群之间以及企业与其所处环境之间的相互关系。企业群落生态学（Enterprise-colony Ecology）是以不同行业的企业或产品具有替代性、互补性、独立性功能的企业为考察对象，研究企业群落中企业之间以及企业与其环境之间相互关系，探讨环境因子对企业的影响以及环境因素变化所产生的反应。商业生态系统生态学（Business Ecosystem Ecology）是以所有企业和所有消费者为研究对象，探讨由企业、消费者和市场环境构成的商业生态系统的调节、稳定性和进化，探讨环境因素对商业生态系统的影响和企业对环境影响的反应。本书以集团公司为研究对象，与其密切相关的是企业个体生态学。

2. 企业个体生态学

企业个体生态学重点研究企业个体从环境中获取资源、运用资源和适应环境，帮助企业获得持续、健康、稳健发展。新古典经济学创始人马歇尔借鉴达尔文进化论思想，从遗传、自然选择和生物多样性等方面解释企业成长。欧文·拉兹（1997）在《管理的新思维》一书中提出，在全球化背景下，新产品和新技术更新换代速度加快，企业面临来自生态与社会环境以及适应消费者价值观念变化的挑战；为求得长期生存，企业必须与整个行业系统（包括竞争对手）共同进化与发展。阿里·德赫斯（1998）在《长寿公司》一书中，将公司分为经济型公司与生命型公司两种类型。经济型公司追求为股东创造更多利润，而生命型公司追求企业长远发展和更高的社会满意度，获取利润仅是实现目标的手段。

德赫斯（1998）认为，长寿公司具有敏锐的环境洞察力、高度凝聚力的队伍、保守的财务政策、较高的内部包容度与分权程度。肯·巴斯金（2001）在《公司DNA：来自生物的启示》一书中倡导利用有机式的组织方式代替机械式的组织方式，为企业应对动态环境变化提出对策。国内学者黄明元（2011）认为，传统企业理论仅以追求自身利益最大化为终极目标，对合作共存的重视程度不够；具体体现在传统企业理论遵循以下假设：以利润为中心或利润最大化的目标假设、管理专注于企业组织内部的组织边界假设、基于"经济人"假设进行管理的"人性"假设。宋林和顾力刚（2011）认为，各相关企业在核心企业的推动下通过长期的合作形成企业生态系统；价值共享、平台和标准以及缝隙空间的创造能力是企业生态系统运行的三大基石；企业生态系统作为介于市场与一体化企业之间的组织形式，既能节约交易成本，也能节约管理成本。侯杰（2011）基于组织生态学中种群演化的相关理论，在研究案例企业的成长演化机制中发现，诱发企业进行变异，即生态位移动或跃迁的因素包括：市场生存空间的扩展，资源禀赋优势的扩展以及新商业模式的应用；在变异之后面对环境选择，提高企业生存率方面，企业采取提高合法化和资源禀赋积累两种策略来提高组织惯性。曹利军和黄泳（2012）认为，企业生态系统强调同一生态系统内企业之间的合作与协调，强调整个生态系统在与其他生态系统竞争过程中的优势。黄群慧、白景坤（2013）基于组织生态学视角，构建制度变迁、组织转型和国有企业持续成长的关系模型，从观念、制度、结构和战略四个方面剖析改革开放以来国有企业组织转型成长的路径。李景春和刘志峰（2013）认为，企业发展演化过程是企业适应和改造内外环境的过程，是企业与环境不断进行物质循环、能量流动和信息传递的过程。资武成（2013）在审视了"大数据"时代企业生态系统的产业环境、运营模式、合作方式、客户市场等特征基础上,深入剖析了"大数据"时代企业生态系统演化的内在机理和外部机制,为企业构建良好的生态系统提出具体策略。惠兴杰等(2014)认为,企业生态系统须与环境不断进行物质、能量与信息交流,以维系系统的正常运行。白景坤、丁军霞(2015)运用组织生态学的生态位理论构建了制度环境变迁和国有企业组织转型关系的理论框架。刘骏(2016)应用企业生态学理论从供给机制、需求机制、催化机制和竞合机制四方面深入探讨了高技术企业成长生态系统的作用机制。尚吉永、侯光明(2016)从组织生态学和创新管理的角度,将企业家变量纳入传统的"战略—组织"框架,研究民营企业战略与组织的共生演进,解释了中国民营企业在生命周期内战略演化与组织变革的动态关系。

二、研究述评

从某种意义上看,企业战略的本质功能是有效管理环境不确定性。企业外部环境的动态性、复杂性和难以预测性日益增强,企业管理实践领域渴求新的战略理论观点或视角的指导。在环境不确定性日益增强的背景下,利用生态学理论分析战略管理已成为战略学界的共识。但利用生态学视角对集团公司战略进行研究的文献还不多。生态学是一种科学的思维方法,它以整体和系统观对企业战略的各种因素进行全面的、联系的思考,更容易发现企业战略在宏观和微观上的失误;它运用生态学相关原理,能深入洞察现代战略的本质及其运行机制,更好地发挥出企业战略的价值。从生态系统角度研究企业战略问题,有助于企业摆脱"战略近视",扩大自身视野。因此,运用生态学理论研究集团公司战略将是一种十分有益的探索。

第三节 企业成长理论

一、研究现状

企业成长理论在经济学和管理学的理论研究中都占有重要地位。企业成长问题作为管理领域的重要研究内容，一直备受研究者关注。汪孟艳（2012）认为，企业成长是量的增长与质的提高的辩证统一。其中，"量"的增长主要表现为企业经营资源的增加；而"质"的提高主要表现为企业能力的提升，包括企业创新能力、环境适应能力等。

（一）企业成长的古典理论

1. 分工理论

亚当·斯密在《国民财富的性质和原因的研究》中第一次以分工理论奠定了古典政治经济学的理论基础。该书明确指出："劳动生产力上最大的增进，以及运用劳动时所表现出的更加熟练、更好的技巧和判断力，似乎都是分工的结果。"斯密以制针业的例子为起点，阐述了分工的好处，并从中得出分工之所以拥有其优点的原因：提高了劳动生产率、减少工种切换带来的摩擦、促使机器的发明。斯密认为，企业规模扩张过程即企业成长过程，若市场范围允许，工厂内部劳动分工水平不断提高，工厂规模不断扩大，员工数量及产出产品数量都会增加。

2. 规模经济理论

艾尔弗雷德·马歇尔在《经济学原理》一书中提出："大规模生产带来的好处在工业经济活动中表现最为充分。大型工业企业的优势在于采用专业化机构以及实施专业化管理。"马歇尔认为，形成规模经济的途径有内部规模经济与外部规模经济，前者指依靠利用企业资源和提升经营效率而形成规模经济，后者指依靠多企业间科学合理分工与合作、合理地域分布等形成规模经济。在马歇尔看来，规模经济效益变化呈现以下规律：当企业生产规模不断扩大时，规模经济效益出现递增、不变和递减的三个发展阶段。规模经济概念的提出进一步明确了企业规模与企业成长的联系。只有当企业达到一定规模后，才能获得规模经济效应与相应利润。从这个角度来看，企业成长可视为通过追求扩大规模以追求效益的结果。

（二）企业成长的近代理论

1. 创新理论

1912年美国经济学家熊彼特在《经济发展理论》一书中提出，经济增长最重要动力和最根本源泉在于企业的创新活动。企业创新活动包括技术创新（改善产品结构与提高产品附加值等）、市场创新（市场开拓创新与营销手段创新等）、管理创新（更有效整合资源等）。技术创新是企业创新的主要内容之一，也是提高企业竞争实力的重要途径。企业利润在市场中才能获取，市场创新是企业创新的归宿。管理创新通过创造新的、更有效的资源整合方式来提升管理水平，是企业创新的重要部分。

2. 一体化理论

一体化理论从组织交易成本角度分析企业边界问题。根据科斯的观点，当两家或更多企业组织交易变成由一家企业组织时，就会出现企业联合情形。企业一体化即企业间在市场上完成交易的活动被组织起来。企业一体化包括横向一体化与纵向一体化两种。企业不仅在市场上的交易有成本，企业内部活动也有成本。企业是否进行一体化取决于上述成本的比较。企业一体化过程是企业边界扩张的过程。科斯认为，管理能力强的企业在组织一项交易时所产生的成本会较低，此类企业趋向于采取一体化成长。反之，管理能力弱的企业倾向于利用市场机制。一个规模大、效益好的企业，一定是管理能力强的企业。企业之所以会停止一体化进程，是因为其管理能力已被充分利用。因此，管理能力制约着企业的成长。

(三) 企业成长的现代理论

现代企业成长理论主要从企业经营管理角度探讨影响企业成长的因素。

1. 竞争战略理论

20世纪80年代哈佛大学战略专家迈克尔·波特提出竞争战略理论，该理论逐渐成为战略管理理论的主流。波特认为，制定竞争战略的实质是将企业与其所处环境结合起来，而企业环境取决于企业所处的行业结构及与相关行业之间的关系。行业内竞争状态主要取决于五种竞争力量，即潜在进入企业、买方的讨价还价能力、替代产品的威胁、行业现有竞争者之间的竞争以及供应方的讨价还价能力。为获得有利竞争地位，企业可选择集中化战略、成本领先战略和差异化战略。竞争战略理论从现有产业出发研究企业在市场竞争中如何获得竞争优势。

2. 市场发展理论

菲利普·科特勒在《营销管理——分析、计划、执行和管理》一书中提出，企业通过市场导向的战略计划可以赢得市场。该战略计划是指在组织目标、技能、资源与其各种变化市场计划之间建立并保持一种适应性管理。企业发展有以下途径：其一，在现有业务领域寻求未来发展机会（密集型成长机会）；其二，建立或收购与目前企业有关的业务（一体化成长机会）；其三，增加与企业目前业务无关的富有吸引力的业务（多样化成长机会）。企业销量的增加，市场份额的扩大，有利于企业积累更多资源、增强发展后劲。

3. 彭罗斯的资源基础理论

1959年伊迪丝·彭罗斯在她的代表作《企业成长理论》中修正了传统经济学研究企业的视角和方法，从资源有效利用的角度提出企业如何实现快速增长和提高增长质量。彭罗斯将企业视为利用各种资源获利的组织，她认为生产性资源是任何企业都需要的，而生产性服务对企业更为重要。生产性服务由"企业家服务"和"管理服务"构成；"企业家服务"主要用来发现和利用机会；"管理服务"用来完善和实施扩张计划。企业家服务是企业持续成长的必要条件。彭罗斯构建了"企业资源—企业能力—企业成长"的分析框架，并指出企业成长的速度、方式和边界是由企业能力决定的，而企业能力的核心就是管理能力。她认为，企业家（强调为企业寻找生产型机会的功能，而不是特指企业主或者企业经理人）使用自身拥有的资源（包括生产性资源和生产性服务资源）是企业成长的原动力。每个企业都拥有独一无二的资源结构，利用这些资源，结合生产型机会，企业获得成长能力，在非均衡的动态调整中达到企业成长。在彭罗斯看来，管理竞争力、产品或要素市场以及风险与外部条件的结合是限制企业成长的三类主要因素。

4. 管理成长理论

美国企业史学家钱德勒首次将企业成长研究的主体聚焦到了工商企业。钱德勒认为，现代工商企业的成长是适应技术和市场的发展变化而在管理结构方面做出的调整。借助技术革命与管理协调机制的共同作用，使企业获得比依靠市场协调更高的生产效率。钱德勒（1962）第一次对企业成长阶段性做出明确界定，并概述了美国大企业成长的典型历程，具体如下：第一阶段是扩大规模，增加产量的战略阶段。在工业化初期，企业的外部环境稳定，产品供不应求，只要扩大产量、提高效率，就可以获得较高利润。在该阶段，企业的组织结构比较简单。第二阶段是进行地区扩张战略。由于某一个地区的市场容量毕竟有限，企业只有将生产和销售活动扩大到其他地区，以扩大销售规模，获得成长。企业建立了总部与部门相结合的组织结构。第三阶段是纵向一体化战略阶段。在工业增长阶段的后期，部分产品已经供大于求，市场竞争激烈。企业为增强生存和发展能力，有的向上游投资以保障原料供应；有的发展销售渠道，增强销售能力。第四阶段是多样化经营战略阶段。在某一特定市场区域，当某个产业进入成熟期，需求不再增加，竞争强度已经很大。为寻求新的发展，企业往往利用现有资源优势（如技术、品牌、销售网络等）向相关行业拓展。甚至为寻找和利用新机会而进入与已有业务无关联的行业。在该阶段企业采用事业部制的组织形式。

5. 安索夫的战略成长理论

安索夫（H. Igor Ansoff）（1965）在《企业战略》一书中对企业"产品—市场"的战略决策过程进行了论述，并分析了企业发展的范围与方向。根据安索夫的观点，企业应重视自身能力与企业内部的协同效果。企业能力表现为已有资源与技能；企业内部协同体现企业已有业务与新业务之间的关联性，其反映企业未来发展潜力。安索夫认为，企业应在自身擅长的领域发展，并尽可能发展相互关联的业务。企业成长战略具有以下属性：其一，规划出适当的产品—市场范围；其二，根据发展范围和方向划分与选择战略类型；其三，以竞争优势确定企业竞争地位；其四，充分发挥协同作用，实现协同效应。安索夫提出了企业成长的四种战略：扩大现有业务规模与市场占有率；开发新市场；开发新产品；开展多样化经营。这一理论后来成为核心能力理论的重要基础。

6. 德鲁克的经营成长理论

彼得·德鲁克（Peter F. Drucker）认为，企业内部的成长准备决定了企业对成长机会的把握。企业是否具备成长潜力，人力资源是成长的关键。最高管理层须面对企业成长的挑战。管理层应当有一个合理的目标和相应的成长战略。一般而言，企业员工的成长程度决定了企业的成长程度。最高管理层应做好持续变革的准备，尤其需保持和加强创新与创业精神。在德鲁克看来，企业经营成长的控制性因素是企业最高管理层。

7. 企业生命周期理论

企业生命周期理论通过对企业成长不同阶段的本质与特征分析探讨影响企业成长的因素。自英国经济学家马歇尔（Marshal）1920年提出企业成长存在阶段性特征以后，学者选择企业规模、组织结构复杂程度、管理风格、销售收入或其他指标作为依据，对企业成长的阶段性特征进行诠释。Steinmetz（1969）主张，企业应规范化管理且进行一定的授权,将企业成长阶段分为:直接控制、指挥管理、间接控制以及部门化组织。Greiner(1972)在研究美国大型企业的案例数据基础上,根据组织的年龄、组织的规模、演变的各阶段、变革的各阶段、产业的成长率五个关键要素,将企业的成长划分为演变与变革两种形式。Churchill和Lewis(1983)基于企业规模和管理因素两个层面,提出五阶段成长模型,即创立阶段、生存阶段、发展阶段、起飞阶段、成熟阶段;并提出企业的发展壮大取决于企业能否在不断解决积累所需资源,是否拥有成长意识以及是否有明确的战略定位与战略计划。爱迪斯在他的《企业生命周期》一书中指出企业的生命周期要经历成长阶段与老化阶段。

我国学者陈佳贵(1995)提出六阶段的企业周期蜕变模型:将企业成长划分为孕育期、求生存期、高速发展期、成熟期、衰退期和蜕变期六个阶段,并以正常发育型企业为研究对象,详细探讨了企业成长各阶段的主要特征。阶段一:孕育期,指企业的创建阶段,该阶段的特征是企业可塑性强,投入大、建设周期较长。阶段二:求生存期,实力较弱,依赖性强;产品方向不稳定,转业率高;发展速度不稳定、波动大。阶段三:高速发展期,实力增强;形成了自己的主导产品;发展速度快,波动小;企业专业化水平提高;管理逐步规范。阶段四:成熟期,发展速度减慢,甚至出现停止发展现象;产品逐步向多元化方向发展;企业向集团化方向发展;内部管理逐步由集权模式向分权模式发展。阶段五:衰退期,产品老化,企业生存萎缩,效益降低。阶段六:蜕变期,企业的经济形体、实物形体和产品要发生革命性的、脱胎换骨的变化,通过这种变化而获得新生。宋培林(2011)以企业规模作为基本标准,结合企业生命特征、主要难题和关键活动等,将企业成长分为创业、守业和展业三个阶段。其中,创业阶段的生命特征是孕育与生存,主要难题是获取资源,关键活动是创建;守业阶段的生命特征是成长与稳定,主要难题是建立秩序,关键活动是培育;展业阶段的生命特征是危机与蜕变,主要难题是打破常规,关键活动是革新或二次创业。企业通过兼并、重组或二次创业,整合资源,寻找新的市场机会与增长点。

(四)企业成长最新理论

1. 企业能力理论

(1)核心能力理论。1990年普拉哈拉德和哈默发表了名为《企业核心能力》

的文章,指出在本质上企业是一个能力体系;而核心能力是组织中的积累性学识,特别是关于如何协调不同生产技能的学识。文章还指出"在短期内,一个公司的竞争优势源于现有产品的性价比特性;从长期来看,竞争优势将取决于企业能否以比对手更低的成本和更快的速度构建核心竞争力"。企业核心竞争力是企业长时期形成的,蕴含于企业内质中的、企业独具的,支撑企业过去、现在和未来竞争优势,并使企业长时间内在竞争环境中能取得主动的核心能力。核心竞争力的培育取决于企业长期积累的经验、教训、知识、理念,需要一个漫长的过程。核心竞争力与企业的成长密切相关,拥有核心竞争力的企业在激烈的市场竞争中能牢牢掌握主动。发挥自身优势,从事自己的优势产业,强化相对竞争优势。因此,企业拥有的核心能力是企业长期竞争优势的源泉,积累、保持和运用核心能力是企业长期的根本性战略。

(2)动态能力理论。随着全球经济发展与技术进步,企业的环境变得更加具有不确定性和难以预测。在此背景下,企业的核心能力很可能由于路径依赖而成为制约企业持续成长的因素。这也是通常所说的"核心能力刚性"。核心能力刚性不利于企业适应外部动态变化的环境。基于此,动态能力理论开始探讨企业组织能力的演进与竞争优势之间的关系,并将组织能力视为企业竞争优势的源泉。Teece、Pisano和Shuen(1997)在《动态能力与战略管理》一文中阐述了"动态能力"的内涵。"动态"是指企业通过持续更新自身能力来适应不断变化的外部环境;"能力"是指战略管理在改善自身技能以满足外部环境变化的要求所发挥的关键作用。Teece和Pisano(1994)认为,动态能力包括适应能力、整合能力和重构能力三个维度。Teece等(1997)构筑了动态能力的3P分析模型:流程(Processes)、位势(Positions)和路径(Paths);并提出重构能力、整合能力、构建能力共同组成了动态能力。企业动态能力是企业整合、塑造和重组内部和外部竞争力以应对持续变化环境的整体能力。因此,企业要想拥有持续性竞争优势以实现持续成长,不仅要拥有核心能力,同时要促使核心能力的动态转化。

(3)企业知识理论。企业知识理论是在探寻企业竞争优势根源及反思当前主流企业理论的过程中发展起来的新理论。各企业所面临的外部环境大致相同,但由于企业内部知识结构与认知能力存在差异,他们所发现和利用市场机会的效果也不相同。因此,很多学者认为,知识是企业理论的核心概念。以知识为基础的企业理论即企业知识理论便应运而生。目前尚未形成学者普遍认同的统一体系。从企业知识理论的发展史来看,彭罗斯的企业成长论是研究企业内生成长的开山之作,同时也是企业知识理论乃至企业能力论的直接渊源。知识是企业竞争优势的根源。企业内部的知识尤其是一些默会知识(tacit knowledge)难以被竞争对手所模仿。企业已有的知识存量所形成的知识结构决定了企业发现未来机会、配置资源的方式。企业现有的知识决定了企业配置各类资源的效率与效果。倘若从知识观出发,企业核心能力的各种表现形式均可统一于知识这一概念。企业核心能力是企业拥有的独特知识,它能使企业获得持续竞争优势。

2. 学习型组织理论

1990年美国著名管理学家彼得圣吉(Peter M. Senge)出版了《第五项修炼》,标志着"学习型组织"理论的正式形成。彼得圣吉从系统动力学出发,认为学习型组织可通过自我超越、改善心智模式、建立共同愿景、团体学习和系统思考五种方式来建成。在此过程中,五项修炼分别扮演着精神基础、心理基础、目标导向、凝聚力量和灵魂的角色。鲍尔·沃尔纳从企业教育与培训模式的角度出发,总结了企业学习的"五个阶段模型",即"无意识学习阶段—消费型学习阶段—学习引入企业阶段—确定企业学习阶段—学习与工作完全融合阶段"。

3. 归核化成长理论

归核化是1990年马凯兹(C. C. Markides)在他的博士论文《多元化、归核化与经济绩效》中提出的。归核化战略的基本思想是剥离非核心业务、回归主业保持适度相关多元化。归核化成长战略有以下特点:第一,前提是多元化企业,而且主要是针对多元化程度较高或很高的企业。第二,归核化结果仍是多元化企业。企业实施归核化后,一般仍是多元化企业,较少转化为专业化企业。但呈现多元状态的各个业务之间的相关性由无关、低度相关转化为中度或高度相关。第三,归核化过程综合运用多种策略。第四,目标是通过向核心业务(一个或多个)的回归和集中资源,提高企业的整体竞争力。

4. 其他相关研究

巴格海认为,企业成长的依托是企业综合能力,包括技能、资产和关系。拥有最强大的综合能力的竞争者最有可能获胜;只有通过阶梯式成长来培养难以模仿的综合能力的企业,才能获得长期成功。施放(1995)认为,企业经营战略的演变顺序遵循单一产品战略、主导产品战略、多元化经营战略。杨杜(1996)认为,企业的长期发展过程是一个原始多元化、小规模生产到专业化大规模生产,再到多元化持续成长的过程。周三多和邹统钎（2003）指出，企业成长涉及企业自身能力、业务范围、经营规模等；企业成长是要达到经营资源的最有效、最经济的积累、分配和利用；企业能力既是企业成长的一个方向，也是企业规模扩张与多元化经营的依托。

企业成长可以通过价值创新与核心竞争力移植来实现。进行价值创新的企业目标是：从根本上彻底改造现存的竞争空间，或者创建新的竞争空间。企业进行价值创新的关键是要创立一个全新的行业，或者发现一个完全不同的细分市场并提供相应的产品与服务。传统的战略思想是要在竞争中处于领先地位，而高速成长的公司则以一条完全不同的战略逻辑，不以竞争对手为制定战略的出发点，而是在顾客的需求中寻求自己的生长点，突出价值创新。詹金、莫博涅比较了竞争领先逻辑与价值创新逻辑的差异，如表2-1所示。

表2-1 竞争领先逻辑与价值创新逻辑的比较

维度	竞争领先逻辑	价值创新逻辑
产业假设	产业条件已经给定	产业条件可以改变
战略重点	培养竞争优势目标是在竞争中获胜	竞争不是基准，而在价值上追求领先以主导市场发展
顾客	通过深入的市场细分和营销手段来保持和扩大顾客群，关注顾客评价的差异	公司目标是赢得大多数顾客，并愿为此放弃一些原有的顾客。注重顾客评价的共同点
资产与能力	调节现有的资产与负债	不受过去的约束应关注如何创新
产品与服务	产品与服务由产业传统界限决定，公司的目标是其提供的产品与服务价值最大化	根据顾客的需求来考虑其提供的产品与服务，有时要超越产业的传统界限

资料来源：周三多，邹统钎. 战略管理思想史［M］. 上海：复旦大学出版社，2003.

杨洋（2011）提出的企业成长概念框架包括量（规模）的变化、质（能力）的变化和动态的过程三个方面；以该框架为基础，从规模观、能力观和过程观三个方面对国内外企业成长相关文献进行了系统的回顾。覃巍（2012）基于生物学类比对企业成长理论的贡献角度，对已有相关文献进行回顾与述评，发现生物学类比在企业成长理论研究中的贡献具有持续性；结合我国企业实现自主创新成长研究，对生物学类比在企业成长理论中的运用进行了展望。张敬伟（2013）强调现有研究主要从线性成长、非线性成长和过程机理三个视角研究新企业的成长过程。卓素燕（2014）认为，企业成长战略主导着企业发展方向和发展路径；将企业成长战略归纳为环境基础、资源与能力基础、系统基础和复合基础，并分别对各主要观点进行梳理。杜运周（2015）从组织衰落界定、衰落原因、模式和后果、组织衰落的复苏战略及其影响因素等方面对现有文献进行了系统述评。

二、研究述评

（一）企业成长的古典理论述评

企业成长的思想源于古典经济学。古典经济学家认为：企业的成长是分工与规模经济效应的结果。企业中的生产作业分工和专业化使劳动生产率得到提高，同时促进企业扩大生产规模，而这又进一步深化企业的分工协作。该循环使企业通过获得规模经济来实现成长。斯密的分工理论为企业提供了如何提高效率的理论指导。但未解决如何分工，尤其是企业的业务之间如何进行差异化定位的问题。其对集团成长的启示是：集团在发展中应注意对集团内部生产资源的合理分配。规模经济理论说明了规模经济产生的原因，为企业实行规模化经营提供了依据。但该理论未提出实现规模经济的路径，也没有指出在不同发展阶段企业如何控制自身规模问题。其对集团成长的启示是：集团在成长中应获取规模经济，不同发展阶段实现规模经济的途径、规模大小应有所不同。

（二）企业成长的近代理论述评

企业成长的近代理论主要包括熊彼特的创新理论与企业一体化理论。熊彼特的创新理论为企业成长提供了技术创新、市场创新、管理创新等途径。但该理论仅从创新角度探讨企业成长，未与企业业务发展相结合。集团在不同成长阶段，应选择不同的创新途径、实施不同程度的创新。企业一体化理论为企业成长提供了横向一体化和纵向一体化两种途径；并指出了管理能力在企业成长中的重要作用。但该理论并未解决企业何时以及如何进行一体化，对企业实践的指导性有局限。其对集团成长的启示是：集团成长理论应回答集团在何时以及如何进行一体化发展的问题。

(三) 企业成长的现代理论述评

企业成长的现代理论主要包括波特的竞争战略理论、科特勒的市场发展理论、彭罗斯的资源基础理论、钱德勒的管理成长理论、安索夫的战略成长理论、德鲁克的经营成长理论。对各理论的述评见表2-2。

表2-2 企业成长的现代理论述评

理论名称	理论贡献	存在不足	对集团成长的启示
波特的竞争战略理论	从现有产业出发,研究如何在市场竞争中获得竞争优势	仅从现有行业角度出发考虑获取企业竞争优势,存有局限	集团应明确各产业单元在行业市场竞争中的定位;根据自身资源与能力选择不同的竞争战略
科特勒的市场发展理论	该理论为企业成长增加市场份额指明了途径	仅从"量"的角度研究企业成长,忽视了"质"的角度 未说明企业在何条件下选择何种发展途径	集团成长可选择的发展途径有:专业化、一体化与多样化 集团成长相关理论应解决何时选择哪一种发展途径的问题
彭罗斯的资源基础理论	提出企业自身资源决定企业成长的思想 强调管理资源等服务型资源对企业成长具有重要的影响	未能提出如何根据企业资源情况来选择成长战略与途径	集团应考虑基于企业成长过程积累的资源来确定成长战略
钱德勒的管理成长理论	提出"组织能力是企业成长的动力"的观点及企业成长的四大方式 强调管理层级制在大型企业成长中的重要作用;体现了企业成长阶段论的思想	虽反映了成长阶段论思想,但缺乏具体分析框架 未能解决大型工商企业如何能够实现可持续成长	集团的成长过程具有阶段性,不同阶段集团成长战略的重点应有所不同

续表

理论名称	理论贡献	存在不足	对集团成长的启示
安索夫的战略成长理论	将产品范围、成长向量、竞争优势和协同效应相结合，使企业更好地把握成长方向与范围，强调企业对自身"能力概况"和"协同作用"的把握	未能指出如何选择业务，如何将业务发展与竞争优势、协同效应有机联系起来，促进企业的成长	应考虑构建一个综合视角成长理论，将业务发展、竞争优势、协同效应包含进去，更好地指导集团成长
德鲁克的经营成长理论	强调企业内部成长准备的重要性，尤其是员工成长与最高管理层对企业成长的作用	未提出具体分析框架与工具，对企业成长缺乏针对性指导	集团成长理论应体现集团内部成长准备的思想

注：根据收集文献整理。

（四）最新企业成长理论述评

最新企业成长理论主要包括企业能力理论、学习型组织理论、归核化成长理论。对各理论的述评见表2-3。

表2-3 最新企业成长理论述评

理论名称	理论贡献	存在不足	对集团成长的启示
企业能力理论	提出企业异质性假说，将企业视为生产性知识和能力的集合 强调企业能力是企业持续健康成长的决定性因素	将企业能力与其业务发展分析割裂开来，不利于指导企业成长 未指明企业如何培育核心竞争力以及动态能力	应将集团能力与集团产业单元发展结合起来 应强调在成长过程中不断培养和提升核心竞争力与动态能力
学习型组织理论	从人才的角度为企业成长提供动力 强调构建学习型组织是企业从粗放型发展进入知识内生成长型发展的过程	未能将学习型组织与企业业务发展建立起联系	应注重学习型组织的建立，不断提升组织学习能力
归核化成长理论	提出了回归主业、保持适度相关多元化的思想 提出了归核化的具体策略，比如聚焦核心业务等	只适用于指导多元化企业成长过程中某个阶段的发展	应重视"向核心业务（一个或多个）的回归和集中资源，提高集团的整体竞争力"

注：根据收集文献整理。

第四节　本章小结

本章以文献综述与理论基础厘清理论发展脉络，并发现本书的研究空间。产业维度的企业战略理论强调产业命运决定企业命运，认为企业战略管理的关键在于从产业角度立足产业全局来审视企业经营发展问题。对于大型企业集团而言，更是需要从产业全局来审视自身发展。产业致胜战略理论以产业活动和能力要素作为战略分析的基本单位，认为企业战略应该是在商业生态中基于能力要素的产业活动组合。产业致胜战略虽然从产业维度构建了"产业选择—产业优化—产业创造"的分析框架，但是关于产业组合的问题，却未进行分析。对行业多元化的集团公司而言，产业的组合经营是必须面对的重大问题。集团公司如何能够从创立到产业经营、最终实现可持续发展，现有企业战略理论还没有现成的理论能对此进行解释。集团公司作为多产业单元的经营主体，在集团成长过程中始终面临着产业组合管理的问题。然而学术界从生态学视角系统研究集团公司战略尤其是产业组合战略的还很少见。企业成长理论从不同视角分析企业成长问题，对集团成长提供了许多有益启示。但各理论学派都从某一个角度进行分析，缺乏综合性视角的分析理论。同时，现有企业成长理论与业务发展结合不够紧密。因此，本书拟基于产业生态视角探讨集团公司的运行机理以及产业组合战略的演进，期望为集团公司管理实践与理论研究做出贡献。

第三章
集团公司产业生态系统的内涵界定、产生动因及模型构建

集团公司产业生态系统（Group Company Industrial Ecosystem，GCIE 系统）的思想源于企业生态系统理论，是企业生态系统理论在集团公司战略管理中的具体运用。本章基于相关研究成果，界定 GCIE 系统的内涵、解释其动因，并构建 GCIE 系统概念模型，为后续研究奠定基础。

第一节 集团公司产业生态系统的内涵界定

一、集团公司的定义及特征

（一）集团公司的定义

在实践领域，集团公司由企业集团发展而来。企业集团发源于 19 世纪下半叶，伴随西方工业发达国家的技术革命、不断增长的消费需求以及持续加剧的企业竞争而产生。在中国，1998 年国家工商行政管理局印发的《企业集团登记管理暂行规定》明确了"企业集团"是指：以资本为主要联结纽带的母子公司为主体，以集团章程为共同行为规范的母公司、子公司、参股公司及其他成员企业或机构共同组成的具有一定规模的法人联合体。企业集团不具有企业法人资格。

企业集团由母公司、子公司、参股公司以及其他成员单位组建而成。我国工商行政管理局《关于印发〈企业集团登记管理暂行规定〉的通知》（工商企字〔1998〕第59号）规定，企业集团应当具备下列条件：一是企业集团的母公司注册资本在5000万元人民币以上，并至少拥有5家子公司；二是母公司和其子公司的注册资本总和在1亿元人民币以上；三是集团成员单位均具有法人资格。

在理论界，国外大多数学者也对企业集团进行定义。Stracan（1976）将企业集团（Business Groups）定义为，"各种企业长期的联合体，并由同一个法人所有与经营"；该定义强调了集团成员企业的控制主体是相同的。Leff（1976）将企业集团定义为，被同一主体控制的一组企业，有的情况下成员企业之间也存在交叉持股的关系。Granovetter（1995）将企业集团定义为：以正式或非正式形式连接在一起的企业集合；集团形成有以下两种方式：多个企业通过法律形式构成一个整体；多个企业通过短期联盟捆绑在一起。Smangs（2006）梳理已有研究，发现欧洲研究学派（基于欧洲环境进行研究）将企业集团定义为：通过金字塔或层级制、所有制关系连接在一起的企业集合；基于新兴市场研究学派（基于东南亚等国家进行研究）将企业集团定义为多元化业务的集合。国内学者周放生（1996）认为，企业集团是一种以母子公司为主体，企业联合的组织形式，是实现规模经营的企业组织，是多法人的经济联合体。蓝海林（2004）指出，任何一个从事多元化经营、母子公司产权关系明确和采用了多分部制结构的企业可被视为一个集团公司。陈志军（2010）强调，在集团公司内部处于企业集团中心地位的公司，就是母公司。

（二）集团公司的特征

Guillen（2000）认为，新兴市场国家的企业集团具有三个特征：①横跨多个产业；②在一个统一的企业指导下运行；③未达到一体化的组织。

Khanna和Rivkin（2001）认为，企业集团具有以下特点：①让集团内部企业聚集在一起的多样化关系；②集团内部企业之间具有合作行为。

国内学者刘钢庭等（2002）从操作层面界定了集团公司的特点：①进行产业多元化经营；②存在母子公司结构；③子公司之间有经营上或人际上的联系，并具有很强的认同感与归属感。

裴中阳（2004）认为，集团公司具有以下特性：①集团公司本身具有独立法人资格;②集团公司由一个母公司与若干子公司组成;③集团公司的母子公司间以产权关系为纽带。

蓝海林(2002,2004)认为,具有独立法人的集团公司已经不再是介于市场与企业之间的中间组织,集团总部(Headquarter)成为最终介于股东与行业性企业之间的中间组织;为证明自身存在的经济合理性,集团总部必须在投资者与经营单位之间发挥比市场交易效率更高的作用。

郭朝阳(2008)将公司总部定义为:"企业中位于所有者和各业务单位之间的、不面向顾客、不直接从事业务活动却增加成本的管理层级"。

综上所述,集团公司可视为集团总部与一系列产业单元的集合。集团总部需通过产业单元的组合管理来创造价值,以证明其存在的合理性。集团公司以产业单元为单位进行管理,产业内的协同效应更加明显。马克思指出,企业内部分工使企业内部的协调成为一种技术性的需要,有分工就必然有协调,而协调是以资本的绝对权威为基础的。协调的难易程度会随着企业内部分工的加深而增加,协调效率会随企业内部分工程度的提高而降低。由于产业内的各业务活动具有类似生产技术、过程与工艺等特征,集团公司按产业单元进行战略管理,其共享资源与能力更加容易,协调的效率会更高。综上所述可知,集团公司是具有独立法人资格、以产权关系为纽带的企业集团的母公司,同时也是经营多个产业单元的主体。集团总部对集团内部的产业单元进行集中统一管理,产业单元之间相互紧密协作。

二、集团公司产业生态系统的内涵

学术界对集团公司类型的划分有多种方式,Daphne W. Yiu、Yuan Lu 等(2007)根据企业集团内部核心企业与其他企业纵向联系以及成员企业之间横向联系的紧密程度不同,将企业集团分为网络型(Network – form)、多分部制型(Multidivisional – form)、联盟型(Club – form)与控制型(Holding – form)四类。其中,多分部制集团指企业集团内部纵向联系与横向联系紧密程度均较高的企业集团。多分部制集团的母公司扮演公司总部的角色,掌握着子公司的决策资源,并通过资源分配与集团管控将母公司的意志转化为子公司的行为。多分部制集团的子公司所经营的领域分布在具有关联性的产业中,子公司相互之间协作紧密。

学术界普遍认同将多分部制企业视为一组业务的集合,由于多分部制集团公司与多分部制企业极其类似,可视为不同产业单元的集合,各子公司根据集团总部的指令来经营产业单元。本书中的产业单元是指具有类似生产技术、工艺与过程等特征的业务单元集合。因此,集团公司产业生态系统可被界定为:集团公司内部产业单元之间以及产业单元与集团总部之间相互作用、相互影响而形成的一个整体性系统。

集团公司产业生态系统具有以下特征:第一,具有可持续成长性。集团总部以主导产业为基础构建的集团公司产业生态系统,不仅可帮助集团公司在多元化经营过程中拓展经营范围和分散经营风险,也有利于集团实现战略协同效应和范围经济效应。裘晓东、祁俊云(2012)认为,企业集团可持续发展是指企业能够在较长时期内,通过运行效率不断提高,企业规模的不断扩大,逐步形成一种良好的成长机制,从而保持并不断提高企业集团核心竞争能力。集团公司产业生态系统的构建有助于集团形成类似的成长机制。集团公司通过持续地培育主导产业与构建产业生态系统,不断更新集团核心竞争力与产业组合,克服宏观经济波动、产业生命周期、市场变化等带来的挑战,实现集团的可持续发展以及最大化的组合价值。第二,具有生态系统特性。集团公司产业生态系统是个开放的有机整体,内部各组成要素之间相互影响。集团公司产业生态系统内部的信息流、物质流、货币流等持续流动。集团公司产业生态系统的要素之间形成复杂的相互关系,在一定时间、范围内有序运转。与此同时,集团公司产业生态系统与外部环境之间不断进行信息、资金、物质等交换。当面对来自外部环境的变化或者系统内部波动时,集团总部通过自我调节提高产业生态系统的稳定性与适应性。

第二节 集团公司产业生态系统的产生动因

一、企业生态学角度的解释

战略管理理论历来重视企业组织与环境的关系,环境分析也一直是战略管理

第三章 集团公司产业生态系统的内涵界定、产生动因及模型构建

的核心内容之一。战略管理的传统理论以企业为基本分析单位,强调既定环境下企业决策与发展定位。动态能力理论在考虑环境变化的基础上,提出企业战略应根据时间变化、环境变化而及时调整。蓝海林(2007)提出战略管理的静态模式向动态模式转变的观点。但这些理论在互联网等技术广泛深入应用并对企业经营管理产生深远影响的新时代背景下仍有局限。近年来,生态学理论在管理研究领域被广泛应用。种群生态与演进理论为企业战略演进提供了新的视角。组织生态学对企业战略研究也产生了影响。Freeman 和 Boeker(1984)研究认为,基于组织种群的实证研究能提高战略研究的水平。Aldrich 和 Auster(1986)指出,主流的战略理论强调个体组织对竞争与环境的适应,它要求组织具有很强的学习能力和变革能力;而组织生态学的观点强调对环境的适应过程发生在种群和产业层次,而非在组织个体层次。Moore(1996)提出商业生态系统演化理论,认为商业生态系统是包括企业组织、投资者、消费者、供应商和竞争者等在内的联合体;企业竞争优势主要来源于在成功的商业生态系统中取得领导地位。

德鲁克提出生存才是企业的核心目标。Collins 和 Porras(2006)在《基业长青》一书中曾指出,任何企业均以永续经营为其存在的基本前提,而永续经营须确保其拥有持续的竞争优势。集团公司构建产业生态系统的目的是追求持久竞争优势、实现可持续成长。随着技术进步日新月异、市场环境变化加剧、全球竞争日益激烈,企业实现可持续成长面临的挑战不断增多。我国经济发展进入新常态,集团公司发展的外部环境更为复杂多变,集团可持续成长面临的挑战也不断增多。信息技术、互联网技术和通信技术等促进了分工的演进。传统的线性分工方式逐步减少,模块化的网络式分工不断增加。在产业分工不断深化的背景下,全球大型企业或集团纷纷采用了相对独立的业务单元经营模式,比如事业部制。为实现可持续成长,集团公司需积极构建产业生态系统。

生态学规律是指生态研究领域中事物和现象的本质联系。它的作用范围不单是生物本身或者环境本身,而是生物与环境相互作用的整体,包括各类型的生态系统。生态系统的不同组织层次表现不同层次的规律。各类生态系统共同遵循的主要生态规律如下:其一,生物适应环境的规律。适应的实质是调节和制约,环境变化的选择压力作为制约因素,迫使生物体自身做出调节以适应环境变化。其二,生态系统各种因素相互作用、协调发展的规律。它不仅表现在各种物种之间,而且表现在生物与环境的各种因素之间的作用与反作用。其三,生态系统物

质循环、转化和再生规律。它使生命系统的保持和进化成为可能。其四，生态系统发育进化规律。上述生态系统规律的作用使生态系统成为适应的系统、反馈的系统和循环再生的系统。生态系统不仅具有稳态机制，形成它的动态平衡发展，而且导致生态系统的发育和进化，使它成为演变着的系统。集团公司产业生态系统演化的实质是集团与其环境均发生变化，最终导致集团公司产业生态系统的平衡状态发生改变。集团对环境的适应能力是集团公司产业生态系统演化的主要动力。集团公司产业生态系统的演化追求的是产业生态系统"平衡→不平衡→更高层次平衡"的演化，其本质是集团与环境之间通过协同进化，达到一种动态匹配状态。因此，集团公司为更好地适应内外环境变化，基于生态系统视角管理内部产业单元，可更好地实现持续发展、基业长青。

二、竞争优势角度的解释

竞争优势是企业获得卓越绩效的根基。马浩（2010）按照竞争优势的实质内涵，将竞争优势分为位置优势和动态优势。其中，位置优势是指竞争优势来自企业的某种地位，这种地位本身能够对经营绩效有所贡献；动态优势是指企业的某种行为能力，这种能力能使企业的经营活动达成良好效果。位置优势通常来自资源禀赋或强势的市场地位和优先获取。位置优势的基础是独特的资源和能力、强势的市场地位、对供应商和分销渠道的优先接触或优惠获取，以及其他相对静态的企业特质。它取决于一个企业在顾客、对手、合作伙伴、政府和其他利益相关者中的地位。动态优势通常产生于企业的知识、特长和能力。动态优势的基础是企业经营运作中的知识、技巧、专长和能力，包括识别发展机遇、对顾客的了解、技术实力、在市场中的行动和反应速度，以及组织和操作过程中的效率和灵活性。

从竞争优势角度来看，集团公司产业生态系统出现的主要理由如下：位置优势是动态优势的基础，引发并使动态优势成为可能。一个企业在市场中表现如何，在很大程度上取决于其拥有什么和能获取什么。一个拥有强势市场地位的企业能够以其位置为依托而派生或增强动态优势：容易吸引更多与更优秀的资源。位置优势依靠企业的资源和地位。集团公司主导产业正是集团公司获得位置优势的重要载体。集团公司主导产业的位置优势来源于市场强权、规模经济和经验曲

第三章 集团公司产业生态系统的内涵界定、产生动因及模型构建

线。首先,集团公司主导产业通常拥有足够的资源,使之能够在竞争中耗尽对手而立于不败之地。集团公司主导产业在行业中往往具有较强的议价能力;在消费者心目中也意味着较高的信任度。其次,集团公司主导产业拥有大的规模,具有规模经济效应。最后,集团公司主导产业通过生产总量的积累可从中获得以"经验曲线效应"为基础的成本优势。成本优势来自在重复生产同一产品过程中形成的经验和知识,这些经验和知识可以提高效率和生产率。总之,集团公司主导产业能够帮助集团更好地获得位置优势,创造更加优异的绩效。

集团公司每个产业都面临产品市场和要素市场,这两种市场中的参与者构成一个业务系统。集团总部所有拥有的资源与能力能够帮助各产业单元在其所处的业务系统中竞争获胜。芮明杰(2004)认为,企业在追求长盛不衰的过程中,既要考虑近期利润增加和市场扩大,又要考虑持续的盈利增长,并建立与维持良好公共关系;企业要获得持续发展,须具备持久竞争优势。蓝海林等(2008)认为,集团公司须通过创造组合竞争优势来证明自身存在的理由。若集团公司总部不能发挥净价值创造作用,就面临被重组或收购的可能。集团公司产业生态系统可帮助集团更好地获取组合优势、利用过剩资源。集团公司应充分利用不同产业之间的范围经济,以获得协同效应,降低成本。因此,基于产业生态系统管理产业单元组合,集团公司可以更好地发挥组合优势,提升整体竞争力。

第三节 集团公司产业生态系统的模型构建

集团公司产业生态系统的结构是指构成产业生态系统各要素的组织方式以及要素之间的相互联系方式。集团公司产业生态系统的要素包括内部要素与外部要素。

一、集团公司产业生态系统内部要素

集团公司产业生态系统由集团总部、主导产业、平台产业以及非主导非平台产业构成。其中,集团总部是集团内部承担公共服务和战略制定等职能的最高行

政管理机构。主导产业指能为集团持续贡献大部分收入与利润并能带动其他产业发展,在集团内部发挥支撑和带动作用的产业单元。平台产业指集团公司为提升整体价值和运营效率、促进其他产业单元发展而提供公共性与基础性服务的产业单元。非主导非平台产业是指集团公司内部除主导产业与平台产业以外的其他产业单元。

(一) 集团总部

公司总部(Headquarter)是通常所讲的集团中心。虽然与产业单元相比,其人员规模很小,但其在集团公司内部的作用却不可替代。钱德勒(Chandler,1962)认为,大型企业的总部(Headquarters or General Officce)是由该企业负责人与专家共同组成的组织;负责整个集团的长期规划、重大计划评估与协调工作;总部旗下的则是公司的事业部。威廉姆森(Williamson,1975)认为,在由许多业务不相关的利润中心组成的 H 型组织(Holding,控股公司)中,总部是负责衡量各利润中心的机构;在由业务相关的事业单位组成的 M 型组织(Multi – Business,多业务公司)中,总部是负责促进协同作用的机构。郭朝阳(2008)将公司总部定义为:"企业中位于所有者和各业务单位之间的、不面向顾客、不直接从事业务活动却增加成本的管理层级,有时也被称为母公司";总部是集团公司最高行政管理中心,通常包括董事会等高层管理人员和职能部门在内的机构。总部可分为纯总部(Pure Head Office)与混合总部(Mixed Head Office)。纯总部是指总部本身不从事直接的生产经营活动,其设立目的只是掌握子公司的股份,利用控股权影响股东大会和董事会,支配被控制公司的重大决策和生产经营活动。根据其控制形态可分为金融型控股总部与战略型控股公司两类。混合总部是指母公司既从事股权控制,又从事某种实际业务经营的公司。郭朝阳(2008)认为,公司总部具有以下特征:①能对所属公司进行实际控制。②在整个集团经营体系中,始终处于主动、积极、支配、控制的地位,而其下属单位则处于被支配的从属地位。③对其所属单位的控制关系是以所有权为基础的。

Collis、Montgomery(1997)在其著作《公司战略》中提出,大型公司总部有四个作用,即制定战略、分配资源、履行公司一般职能和设计公司管理体系。Robert M. Grant(1998)认为,多元化企业中公司总部的作用体现在总部增加它所管理的业务价值的方式上。Young 等(2000)也提出了总部的三个作用:首先包括筹资、建立组织体制、对经营单位的基本控制及对公司的投资者负责等；其次包括战略的制定、为经营单位设立绩效目标、提供指导并监控它们的行为，为各经营单位提供专业建议；最后是为经营单位提供信息系统、采购系统和培训系统等。郭朝阳（2008）强调，无论哪种类型的公司总部，都须承担公共服务和战略制定两大基本职能。公司总部提供的公共服务包括对下属企业经营人员的激励、不同业务单位之间关系的协调、法律和人事等。公司总部的战略制定包括对公司业务组合的确定、资源的分配方式以及对下属企业的控制等内容。综上，本书认为，集团总部的职能包括：规划及分配目标与资源；控制及稽核绩效；提供共同服务项目以及协调内部关系。

（二）主导产业

集团公司主导产业的思想来源于企业核心业务相关理论、主导产业理论以及产业维度的企业战略理论。企业核心业务相关理论认为，可持续增长的企业往往呈现出一种周期性发展格局：从专注于加强其核心业务，到探索位于核心业务的相邻业务，再到对核心业务及其基本能力进行重新界定。企业可持续增长的背后始终隐藏着核心业务。经济学中主导产业理论将国民经济各产业部门按照其在各国经济增长中所做贡献的差异分为三类：主导产业部门、补充增长部门和派生增长部门；在经济发展各阶段上应建立和发展主导产业；经济成长阶段的更替表现为主导序列的变化，即主导产业出现由兴盛到衰退的生命节律。菅青和吴骏（2014）设计出家电产业与战略性新兴产业融合发展形成主导产业的评价指标包括产业发展潜力、产业带动力、产业比较优势、产业贡献。余光胜（2008）将产业维度的战略理论总结为"产业致胜战略理论"；该理论的核心思想是企业战略的产业经营观，即产业命运决定企业命运；良好的企业战略应当使企业成为产业发展的主导者；企业战略管理的关键在于从产业角度立足产业全局来审视企业经营发展问题；企业战略应将产业定位选择、产业优化、产业创造统一在一个战略框架内。《现代汉语字典》中"主导"有以下两种含义：一是"主要的并且引导事物向某方面发展的"；二是"起主导作用的事物"。在系统分析企业成长相关理论基础上，吸收企业核心业务相关理论、主导产业理论、产业维度企业战略理论的思想精华，本书提出集团公司主导产业的概念。

集团公司主导产业是指，能为集团持续贡献大部分收入与利润，并能带动其他产业发展，在集团持续发展过程中发挥支撑和带动作用的产业单元。集团主导产业与集团的经济效益密切相关，对集团战略目标实现产生重大影响。集团主导产业概念的提出，可引导集团公司进一步明确发展重点，更好地集中资源与精力在主导产业的培育上，充分释放主导产业发展潜力。同时，充分发挥主导产业在集团成长中的支撑与带动作用，推动集团获得又好、又快、又久成长。

（三）平台产业

迈克尔·古尔德等（2004）认为，某些不属于核心区的业务也可以保留下来作为未来公司战略变化的一个过渡平台；平台业务（Platform Business）的特点是其与公司战略的主导方向不尽一致，但母公司认为，若对其采取与其他业务不同的做法，该业务仍有创造价值的机会。比如，某项平台业务含有某种母公司特征中所没有的专有技术，该项业务一旦成功，将会带动公司的战略转型。陈青姣（2016）认为，集团公司中往往同时存在多种层面的平台，具体包括产品线层面、业务层面、产业层面和集团职能层面；产业平台是集团公司总部为下属产业单元提供的、推动各产业单元共同发展的组织。职能平台和产业平台都属于集团公司层面，但产业平台侧重于为下属产业单元发展提供支撑，是集团公司总部为下属产业单元发展提供哺育优势的体现，产业平台提供单一产业难以具备的优势资源与能力。职能平台侧重于集团总部为下属产业单元管控的途径和手段。本书认为，平台产业是指集团公司为提升整体价值和运营效率、促进其他产业单元发展而提供公共性与基础性服务的产业单元。平台产业在集团公司内部的主要作用有：一是提升集团规模化资源的利用效率；二是促进各产业单元间协同与优化、发挥母合优势；三是为产业单元的持续、健康、快速发展提供支撑；四是提升集团核心竞争力。

（四）非主导非平台产业

非主导非平台产业是指，集团内部除主导产业与平台产业以外的产业单元集合。在已有研究中，产业单元组合的方式有多种，划分业务组合类型的方法有类别法和连续度量法。其中，Wrigley（1970）首先提出，后经 Rumelt（1974）改进的类别法对业务组合研究影响很大。类别法度量主要通过计算三个指标：专业化比率（指企业单项最大业务的销售额占总销售额的比重）、相关度比率（指企业一组最大的相互关联业务的销售额占总销售额的比重）、垂直一体化比率（指企业所有副产品、中间产品和最终产品的销售额占总销售额的比重）。Wrigley 类别法使用专业化比率和相关度比率，将业务组合划分为单一业务型、主导业务型、相关业务型和非相关业务型。已有研究表明，业务之间的关联度是产业单元类型划分的重要维度。可持续成长集团公司应至少拥有一个主导产业。即使没有主导产业也应首先培育出至少一个主导产业，然后构建集团公司产业生态系统。集团要实现可持续发展，须克服宏观经济波动，解决产业生命周期进入成熟期或衰退期带来的产业接续问题，应对产业竞争以及市场变化等带来的挑战。因此，本书选择"与主导产业的关联性高低"以及"产业单元的宏观经济周期性强弱"作为产业单元类型划分的维度。

1. 与主导产业的关联性维度

已有研究一般从有形的产品、资源或活动以及无形的资源和技能来衡量业务单元以及产业单元之间的关联性。本书认为，集团产业单元之间的"关联性"指产业单元之间具有上下游关系或生产、技术、市场等资源共享关系。集团产业单元与主导产业的关联性包括纵向关联与横向关联。纵向关联指集团产业单元与主导产业具有上下游关系。横向关联指集团产业单元与主导产业具有以下关联：一是生产制造相关性：能共享生产设备、原材料等。二是技术相关性：能共享产品技术，如专利等；集团发展与主导产业有技术相关性的产业，可获得技术范围经济。三是营销资源相关性：具有相似的渠道与客户。若产业单元与主导产业具有相似的顾客、相似的分销渠道，那他们就具有营销资源相关性；产业单元之间能够共享品牌、广告、分销渠道等，从而获得范围经济。四是战略资产相关性：战略资产包括以顾客忠诚和品牌识别来描述的顾客资产以及主导产业积累的行业经验、市场知识等；与主导产业具有战略资产相关性的产业单元，能够通过共享获得竞争优势。

2. 产业单元的宏观经济周期性维度

赵瑾璐和唐柳洁（2006）指出，所谓经济周期是指经济活动沿着经济发展的总体趋势所经历的有规律的扩张和收缩，实际经济周期对现代经济和企业战略决策具有重要的现实意义；依据各产业在经济周期中所受到影响的不同，可将产业分为以下三类：一是增长性产业，该类产业主要依靠技术进步、新产品推出及更优质的服务实现增长；其行业发展与经济周期并不同步，如计算机和通讯行业。二是周期性产业，该类产业与经济周期的变动直接相关，如消费业、日用品制造业。三是防御性产业，该类产业的需求相对稳定，并不受经济周期调整或衰退阶段的影响，如食品生产与公用事业。任泽平和陈昌盛（2012）认为，宏观经济是由行业经济所组成的，在宏观经济由繁荣到衰退周期性发生的背景下，经济总量波动通过产业关联和供求关系在行业景气层面进行传导。陈武朝（2013）认为，周期性产业（Cyclical Industry）是指与宏观经济波动相关性较强的产业，典型的周期性产业包括大宗原材料、工程机械、船舶制造等；从产品需求看，周期性产业的产品表现为弹性需求（Flexible Demand）。当宏观经济调整或进入衰退时，下游的客户或消费者因缺少资金而对周期性行业的产品需求下降，周期性产业的整体利润也会相应地下降；当宏观经济整体上升时，对周期性产业的产品需求也上升，这些行业的整体利润也会增加。非周期性产业（Non-cyclical Industry）是指那些生产必需品的行业。当宏观经济调整或进入衰退时，非周期性产业表现为不变需求（Constant Demand）。由于非周期性产业需求受宏观经济条件恶化影响较小，其收入与利润受经济条件恶化的影响也较小。

本书探讨产业单元经济周期性的主要目的是为集团应对宏观经济波动带来的风险寻求对策。因此，将"与宏观经济波动相关性较强、当宏观经济调整或进入衰退时市场需求会出现较大幅度下降的产业"定义为经济周期性强的产业。而将"提供生活必需品、当宏观经济调整或进入衰退时市场需求保持相对稳定的产业，以及市场需求增长不受宏观经济波动影响（依靠技术进步推动产业发展）的产业"定义为经济周期性弱的产业。若集团公司的所有产业单元均为经济周期性很强的产业，则一旦宏观经济发生波动，集团业绩将受到很大冲击，不利于集团保持稳定发展。若集团公司的产业单元均为宏观经济周期性较弱的产业，则集团难以享受到宏观经济发展带来的发展红利。因此，集团公司在进行产业布局时，应综合考虑布局经济周期性强与经济周期性弱的两种类型的产业单元。

3. 非主导非平台产业单元的类型

本书根据"与主导产业关联性的高低"以及"产业单元的经济周期性强弱"将集团公司除主导产业与平台产业以外的产业单元分为四类（见图3-1）。

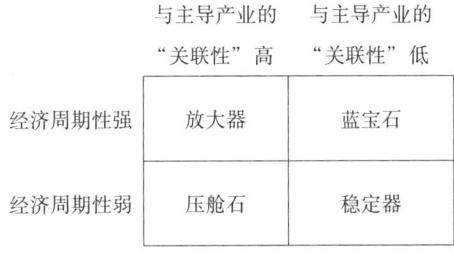

图 3-1 集团公司非主导非平台产业单元分类矩阵

各类产业单元的定义如下:

(1) 放大器产业是指与主导产业存在较强关联性、经济周期性较强的产业单元;该类产业发展既依靠主导产业的带动,又有利于主导产业核心竞争力的提升,与主导产业形成相互促进、共同发展的良性循环。

(2) 蓝宝石产业是指与主导产业关联性较弱,但经济周期性较强的产业单元;该类产业的市场增速快、发展空间广阔、未来可持续发展时间长,未来极可能成为集团新的主导产业。

(3) 压舱石产业是指与主导产业存在较强的关联性、经济周期性较弱的产业单元;该类产业既可利用主导产业的资源发展成为规模较大与竞争力较强的产业,又不受宏观经济波动的影响;集团主要通过发展此类产业来降低宏观经济波动带来风险的作用。

(4) 稳定器产业是指与主导产业的关联性较低,且经济周期性较弱的产业。因与主导产业的关联性弱,集团在资源有富余或者集团难以培育压舱石类产业的情况下才发展该类产业。该类产业可为集团降低因宏观经济波动带来的风险发挥一定作用。

总之,集团公司产业生态系统内部要素包括集团总部、主导产业、平台产业、压舱石产业、放大器产业、蓝宝石产业与稳定器产业。为适应不断变化的环境、获得持续发展,集团公司需不断完善产业生态系统。

二、集团公司产业生态系统外部要素

集团公司产业生态系统的外部要素包括宏观经济环境、区域环境、产业环境及市场环境。

(一) 宏观经济环境

宏观经济环境主要包括宏观经济总体情况、社会总体消费态势、生产要素总体态势以及宏观经济流动性指标态势。

1. 宏观经济总体情况

宏观经济总体情况指集团所在国家或地区的经济发展形势处于经济周期的哪个阶段？即具体属于繁荣期、萧条期、停滞期还是恢复期。当宏观经济高速发展时，国民经济处于经济周期的繁荣期，此时市场扩大、就业增加、需求增加，集团周期性产业发展的机会多；反之，宏观经济低速发展或停滞甚至倒退时，市场需求增长很小甚至不增加，集团周期性产业机会少，此时非周期性产业的发展相对比较稳定。反映宏观经济总体状况的关键指标是国民生产总值增长率和国内生产总值以及地区生产总值。

2. 社会总体消费态势

社会总体消费态势反映个人、家庭和社会组织的总体消费现状及趋势的因素，即总体消费态势包括反映家庭及个人购买力的可支配收入指标和储蓄率；以及反映居民消费意愿、企业扩大再生产愿望等指数。倘若居民购买力强而且消费意愿也强，则对集团产业发展有利。

3. 生产要素总体态势

生产要素总体态势指反映社会生产要素的现状及趋势的因素。生产要素是进行社会生产经营活动时所需要的各种社会资源。因此，集团不同产业单元的发展都将一定程度地受到生产要素，如资金、劳动力、技术、人才、原材料等的影响。

4. 宏观经济流动性指标态势

这类指标是指影响货币、生产要素、产品与服务流动的经济流动性运行指标态势。比如影响资本流的汇率，以及影响原材料等要素价格的通货膨胀率，另外失业率影响收入来源进而影响社会总体消费等。

(二) 区域环境

区域环境是指一定地域范围内的政治、法律、经济、社会文化等因素的总

第三章 集团公司产业生态系统的内涵界定、产生动因及模型构建

和。区域政治、法律环境因素主要是指一个地区政府的政策和法律法规等因素,比如区域的产业政策、各种税法、环境保护法等。这些因素对区域市场和行业环境、竞争环境和企业战略行为的影响往往具有强制性与直接性的特点。区域经济因素指一个地区的经济结构和特点、经济发展状况、经济发展政策等。区域社会文化因素主要指一个地区特定历史时期社会发展的一般状况,包括社会价值观、文化传统与风俗习惯等。

(三) 产业环境

在产业环境方面,波特教授提出的竞争五力模型认为,产业环境中对企业构成影响的五种力量包括供应商、顾客、潜在进入者、替代品以及竞争对手五个方面。竞争五力模型主要用于分析企业在产业中的竞争地位和该产业的营利性高低。在波特教授竞争五力模型基础上,本书认为产业环境主要包括:产业政策、产业终端需求态势、产业流通态势、产业生产态势、产业资源态势。其中,产业政策指行使产业监管的政府及行业主管部门、公共服务组织和产业协会,以及这些机构制定的产业发展法规、各项标准及制度等。产业终端需求态势反映该产业最终产品需求的现状及未来的趋势,包括市场容量、市场增长率、出口状况等指标。产业流通态势反映产业内原材料、零部件、半成品及产品的流转现状及趋势。包括产业内的流通环节数量、产业内的流通类别、产业流通环节的库存量等指标。产业生产态势反映产业内所有的生产运作现状及趋势,如产业各环节的产能及布局、竞争态势、技术工艺、质量状况、品牌及市场格局等。产业资源态势是产业发展的起点环节,是产业资源的现状及趋势,包括产业资源的储量、产业资源的开发速度等指标。

(四) 微观市场环境

根据市场的基本解释,企业既指买卖双方进行商品交换的场所,也指买卖某些商品而与其他厂商和个人相联系的一群厂商和个人。本书的微观市场环境是指对集团产业下属业务直接影响的环境因素集合。具体包括业务需求态势(客商及客户)、业务竞争态势(业务对手、替代产品)和业务合作与业务供应态势(合作商、供应商及服务商等)。

三、集团公司产业生态系统概念模型构建

集团公司产业生态系统内部要素之间、内部要素与外部要素之间相互联系、相互作用,形成一个有机整体。

(一)集团公司产业生态系统内部各要素之间的关系分析

Chandler认为,通常情况下集团总部在制定公司战略(发挥企业家功能)、分配资源和控制不同经营单位的活动(行政性功能)中发挥关键作用。随着全球价值网重构,母子关系由层级关系向网络合作伙伴关系演变;集团总部的角色从行政性角色向企业家角色转变,更加注重价值创造。随着制造、营销、研发等运营职能开始从集团总部分离,集团总部逐渐成为仅保留行政职能的决策中心和公共服务职能的资源共享中心。目前传统行政型、资源控制型集团总部均在向增值型集团总部发展。集团总部以价值为基础进行资源分配,通过不同的组合决策分析,制定出合理分配资源的战略决策,并将资源配置在能创造价值的产业单元。根据不同产业单元特点确定相应发展战略,提出不同的价值增长策略。比如,对于现金流和经济利润贡献较大但未来增长空间小的产业,提高现有资产使用效率是关键;对于经济贡献为负值,但未来发展潜力巨大的业务,集团可将其视为战略性的投资,权衡好长期和短期的利益。

企业在进行产业内扩张时,容易获得规模经济性和范围经济性。同时,企业还可能获得经验效应,即企业随着累计产品数量的增加成本不断下降的效应。相比而言,扩张进入新产业的活动是相对更加困难和风险更大的战略行为。因此,集团公司以产业为单元进行管理,更容易获得规模经济、范围经济以及经验效应。集团总部通过专业化分工,既满足了市场个性化和多样化的需求,又满足了集团根据生产的需要,通过建立网络关系进行交易,达到降低交易成本的目的。相近的地理空间、共同的产业文化和价值观,使集团内部产业之间比较容易达成交易并履行合约,达到节省成员搜索市场信息的时间和费用,从而有效地降低交易成本。集团总部为各个产业发展提供资源支持。集团总部能对集团内的资源进行统筹调度、优化配置,实现整体利益最大化。集团公司总部为各产业单元集中提供资源与服务,能够充分发挥集团的专业技能与经验,利用范围经济与规模经

济,避免各产业单元的重复建设。集团各产业单元应在财务、业务以及非财务、非业务等方面为集团公司做出贡献,否则该产业就无存在的必要。主导产业为集团贡献大部分的收入与利润,并带动非主导非平台产业的发展。平台产业受集团总部的资源支持,同时为主导产业与非主导非平台产业提供公共性与基础性服务。非主导非平台产业包括压舱石、放大器、蓝宝石与稳定器产业,上述产业的发展受到平台产业的支持,为集团贡献部分收入与利润。其中,压舱石与放大器产业与主导产业高度协同。总之,集团总部、主导产业、平台产业以及压舱石、蓝宝石、放大器、稳定器产业之间相互协同、相互作用,共同创造出集团整体价值。

(二) 集团公司产业生态系统与外部环境的协同演化分析

自然界的协同演化能很好地解释生物与其环境间的相互影响作用。因此,协同演化的思想被引入社会科学中,以解释社会组织或个体及其环境间的相互影响。集团公司产业生态系统与外部环境因素之间也是相互影响、相互作用,形成协同演化关系。Norgaard(1985)指出"协同演化是相互影响的各种因素之间的演化关系"。Lewin(1999)认为,系统的协同演化"往往发生于多个不同的层面,单元间还相互嵌套其中进行演化"。Siggelkow(2002)强调"两个及以上存有因果关系的演化主体通过变异、选择、发展,从而共同维持系统的适配性,表现出协同演化"。Murmann(2003)认为,"协同演化的两个系统彼此演化存在相互影响的因果关系"。在本书中,协同是指集团公司产业生态系统与外部环境因素相互影响。演化是集团公司产业生态系统与外部环境的共同变化及其过程。协同演化体现了集团公司产业生态系统与外部环境之间在复杂交互作用下的变化过程。集团产业生态系统的外环境驱使集团产业生态系统内环境的变化来保证集团的外部适应性;反过来,集团又能够通过内环境的改进或创新,在与外环境的互动中能动地影响外环境,创造对集团发展有利的外部条件。

集团公司产业生态系统植根于其所处的环境中,并与之共同演化(见图3-2)。环境影响集团总部的战略决策,促使集团总部通过选择产业领域、市场地域、组织架构、管理模式等来适应宏观经济环境、产业环境与区域环境的变化。与此同时,集团也能通过市场行为(比如品牌推广、战略投资等)以及非市场行为(公共关系管理、公益事业等),与环境中其他要素比如政府、社区等进行互动，以此来影响环境，从而创造出对自身有利的外部条件。政策、经济、社会等宏观环境因素的发展变化既会为集团产业生态系统发展带来机会，也会给其造成威胁。集团公司总部应保持敏锐的观察力、深刻的洞察力，把握外部环境变化趋势，适时调整产业生态系统来适应不断变化的环境。集团公司主导产业及其他产业单元的经营单位应当把握有利的产业环境所带来的发展良机，通过各种方式与手段积极影响产业政策、产业竞争格局等产业环境以及区域环境，为产业单元发展创造有利的外部条件。各产业板块下属的业务单元及其经营单位，既应把握市场机会，应对激烈的业务市场竞争，同时也要引领市场，与目标客户、渠道商、供应商甚至业务对手开展合作。集团公司通过建立和发展良好的协同演化关系来保持对环境的适应性。总之，集团公司产业生态系统与外部环境进行协同演化，保持集团与外部环境的良好适应性。

根据上述分析，构建集团公司产业生态系统的概念模型如图3-2所示。

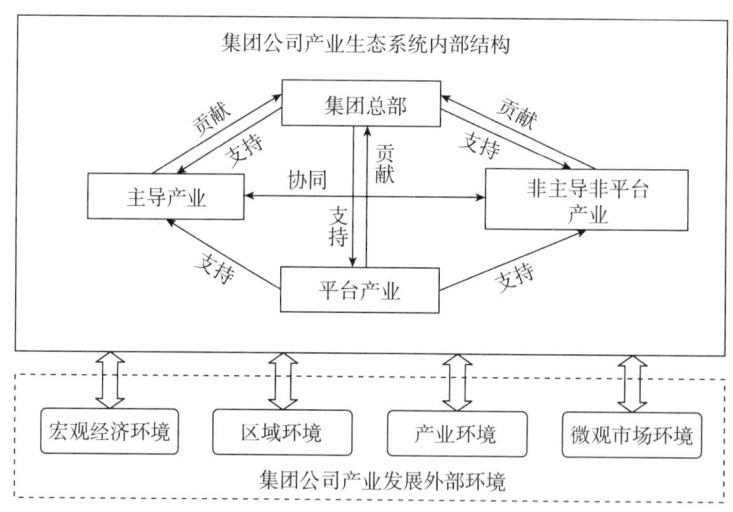

图3-2 集团公司产业生态系统概念模型（"GCIE模型"）示意图

第四节 本章小结

本章界定了集团公司产业生态系统的内涵,即集团公司产业生态系统是指集团公司内部产业单元之间以及产业单元与集团总部之间相互作用、相互影响而形成的一个整体性系统。该系统具有可持续成长性与生态系统特性。集团公司产业生态系统的动因可从企业生态学与竞争优势两个角度进行解释。集团公司产业生态系统演化的本质是集团与环境之间通过协同进化,达到一种动态匹配状态,实现基业长青。集团公司产业生态系统可帮助集团更好地发挥组合优势、利用过剩资源及分散经营风险。集团公司产业生态系统由内部要素与外部要素构成。其中,内部要素包括集团总部、主导产业、平台产业以及压舱石产业、蓝宝石产业、放大器产业、稳定器产业;外部要素包括宏观经济环境、区域环境、产业环境及市场环境。集团公司产业生态系统内部各要素之间,内部要素与外部要素之间相互作用、相互影响,形成一个有机整体,不断演化发展。

第四章
集团公司产业生态系统运行与组合战略演进的探索性案例研究

围绕"集团公司产业生态系统如何运行"与"集团产业组合战略如何演进"两个问题,本章采用探索性案例分析方法展开研究,选取国内具有较高知名度和典型代表性的大连万达、五粮液与海尔集团三家企业作为样本企业,进行多案例研究,分析上述集团公司产业生态系统构成及其运行、产业组合战略的演进过程,为集团公司产业生态系统运行机理模型的提出和组合战略演进规律的发现奠定基础。

第一节 研究设计

一、研究方法

由于本章要回答"如何"的问题,采用案例研究方法是合适的(Yin,2003)。现有文献还不能详细揭示本章的研究问题,故采用探索性案例分析,而不是理论检验式案例研究。本章首先明确"集团公司产业生态系统是如何运行的"这一问题,采用多案例研究方法。相比于单案例研究,多案例研究更有利于加深对同类事件的理解并增强普适性(Yin,2003)。多案例研究包括案例内分析(in – case analysis)和跨案例(cross – case analysis)分析。案例内分析将每个案例

第四章 集团公司产业生态系统运行与组合战略演进的探索性案例研究

视为独立整体进行全面分析,跨案例分析在前者的基础上对所有案例进行统一的抽象和归纳。通过分析各案例间的异同,并在各案例之间进行逻辑重复来验证从其他案例得出的结论,进而获得更深入的理解(Meredith,1998),提高研究的效度,增加研究结果的普适性,更全面地反映案例的不同方面,形成更完整的理论。

二、研究步骤

针对多案例研究,Yin(1994)提出了一个通用结构框架,包括研究设计、单一案例数据收集与分析和跨案例分析三个阶段。研究设计包括构建理论、选取案例、设计数据收集协议(Protocol);单一案例数据收集与分析包括开展各单个案例调查和撰写单个案例报告;跨案例分析包括总结跨案例结论、修正理论、构建模型及过程和撰写跨案例报告。本节借鉴上述研究框架,首先进行单案例研究,然后进行跨案例分析。

三、案例企业的选择

本章在兼顾案例典型性、数据可获得性和研究便利性三个因素的基础上,最终选择大连万达、五粮液与海尔集团三家企业作为分析样本。具体原因如下:

第一,案例典型性。本章研究的问题决定所选案例企业须具有以下特征:一是企业为多产业经营的集团公司;二是企业发展历程应至少在十年以上;三是企业在发展过程中取得业界公认的辉煌业绩;四是企业至少拥有一个市场规模大且竞争力强的主导产业。上述三家集团公司均满足上述条件,而且都是国内知名的大型企业集团,具有代表性。

第二,纵向数据可获得性。大连万达、五粮液与海尔集团自成立以来,发展持续稳定,集团高层领导长时间保持稳定,且均属于"自然成长型"的集团公司,即"企业因产业多元化或跨地域经营等自身发展需要而组建集团公司"。这些均有利于纵向数据的收集。

第三,案例研究开展的便利性。笔者曾参加五粮液集团"十二五"发展规划编制、五粮液集团液晶显示产业链论证项目等课题,深入五粮液集团访谈、调研,并获得了大量与公司战略相关的集团内部资料。而大连万达与海尔集团的官网、期刊、公开出版书籍等资料丰富,信息数据易于收集。此外,三家集团公司经常受到新闻媒体报道关注和学界探讨,便于多样化资料的获取、印证。

四、数据的搜集

根据 Yin（2003）的观点,使用多种数据来源使研究者能"三角验证"不同证据,提高信度和效度。本章案例研究数据搜集方式主要有以下几种:

（一）深度访谈调研

对于五粮液集团,笔者借助参与五粮液集团"十二五"战略规划项目的机会,于 2012 年 7~9 月对五粮液集团部分高层、各主要子公司负责人、各主要职能部门负责人进行了访谈（访谈提纲详见附录一）。并搜集阅读了大量有关五粮液集团发展历史、集团年度总结报告等内部资料。

（二）文献资料

通过中国期刊全文数据库检索相关文献；通过公司官网、主流财经媒体（如新华财经、新浪财经等）、行业协会网站等了解相关信息。

（三）书籍资料

阅读《万达哲学》《五粮液成功之道》《海尔转型:人人都是 CEO》等书籍获取信息。

总之,本章研究采用访谈与二手资料搜集相结合的方法收集信息。在研究过程中还通过电话或再次会面与五粮液集团相关人员进行再沟通,补充不足信息。研究小组成员仔细解读了公司官网公布信息、公司领导人讲话、相关上市公司年报等资料,以期获得全面的数据。

五、信度与效度

（一）构念效度

采取以下方法保证研究的构念效度：第一,多重证据来源的三角验证,数据来源包括访谈、集团内部文本（年度总结、战略规划、报告等）、外部文献（中国知网上的学术期刊、报纸、集团官网、主流媒体报道等），保证数据来源的多重性；第二，与五粮液集团的相关人员进行反复沟通，确保文本能够反映所探讨的问题，避免研究人员的个人偏好。

（二）内部效度

首先陈述可能的理论问题，并提出相关命题，然后通过案例分析审视理论、命题与研究资料是否相符合，保证研究的内部效度（郑伯员、黄敏萍，2008）。

（三）外部效度

研究小组利用导师科研团队研讨会、EMBA课程等机会报告研究结果，并针对案例进行讨论，得到多数参与者的肯定。

（四）信度

构建研究资料库，包括访谈录音、访谈文本、内部资料、外部资料汇总、期刊论文等，以便能够进行再检查、再分析（Yin，1994），从而提高研究信度。

第二节　单案例研究

一、万达集团案例研究

（一）案例概要

大连万达集团股份有限公司（以下简称万达集团）创立于1988年，是一家高速成长的大型民营集团公司。万达集团旗下有万达商业、文化产业、金融产业、电子商务等产业板块。由于万达集团的主导产业——商业地产具有很强的经济周期性，近年来万达实施战略转型，大力发展文化旅游、金融与电子商务等产业单元。截至2014年，万达集团资产达到5300多亿元，年收入2400多亿元[①]。万达集团先后经历了四个发展阶段：第一阶段是集团发展初期，以发展住宅地产为主业。第二阶段是商业地产集中快速发展阶段，在此阶段，万达集团获得全国商业地产的龙头地位。第三阶段是相关多元化发展阶段。第四阶段是国际化发展阶段。万达发展历程详见附录四。

（二）集团公司产业组合情况

万达集团目前主要拥有商业地产、酒店产业、零售业、文化旅游、电子商务、金融等产业。万达集团在发展历程中的产业组合变化见表4-1。

表4-1 万达集团进入主要产业领域简况

年份	进入行业	进入方式	备注
1988	住宅地产	自建	仅作为商业地产补充
1994	体育产业	投资	1999年退出
2001	商业地产	自建	集团主业
2004	酒店产业	自建	为商业地产提供支持
2005	电影院线业	自建	为商业地产提供支持
2007	零售业	自建	为商业地产提供支持
2009	旅游产业	合资	
2011	文化产业	投资	2012年成立万达文化产业集团
2013	电子商务	合资	依托商业地产发展
2014	金融	收购	依托商业地产发展

注：根据收集资料整理。

通过对所收集资料的阅读与分析，确定商业地产是万达集团的主导产业。万达集团早在2006年已将商业地产培育成主导产业。主导产业识别过程示例见表4-2，其他产业单元类型识别见表4-3。

---

① 资料来源：万达集团官网。

第四章 集团公司产业生态系统运行与组合战略演进的探索性案例研究

表4-2 万达集团主导产业识别过程示例

确定商业地产产业为集团主导产业的证据
2005年,万达进行二次机构改革,将商业、住宅两大公司合为一家公司——万达商业地产股份有限公司,确立商业地产为万达核心产业
2006年,上海五角场万达广场、宁波鄞州万达广场、北京CBD万达广场开业,万达打赢"三大战役",奠定万达商业地产龙头地位
2006年,万达集团的城市综合体超过三分之二、住宅项目少于三分之一,这表明万达已成功转型为不动产商
自诞生之始,万千百货就是万达集团的战略新支点,配合商业地产的快速发展和稳定经营
2013年万达集团收入1866亿元,同比增速为31%;商业地产公司收入1456亿元,集团内部占比为78%,同比增速为32%

资料来源:万达集团官网。

表4-3 万达集团各产业单元类型识别

产业单元	进入时间	产业的经济周期性强弱	与主导产业关联性高低	产业单元类型识别
酒店产业	2004年	较强	较高	放大器
零售业	2007年	较弱	较高	压舱石
文化旅游	2009年	较弱	较高	压舱石
电子商务	2013年	较弱	较高	平台
金融业	2014年	较强	较高	平台

注:根据收集资料整理。

(三)集团公司产业生态系统构成及其运行分析

万达集团在成立之初,通过发展住宅地产完成了资金、人才以及行业经验的积累。采用高度集权化的管控模式,万达集团通过总部集聚的资源支持各产业的发展。万达集团涉足的产业均与主导产业(商业地产)高度关联。其中,商业地产作为主导产业,其核心作用是平衡集团现金流,为零售、金融、电商等产业带来客流量。文化产业板块的万达影院以及零售业板块的万千百货经营现金流大，可为商业地产开发提供资金支持。同时，酒店产业与零售业务可支持商业地产项目开业，成为租金议价筹码。文化产业作为商业地产配套产业，也为商业地产项目吸引客流。电子商务与金融业为集团其他产业单元提供金融与电商平台。通过建设产业生态系统，万达获得更大竞争优势，也进一步熨平产业的经济周期。万达集团产业生态系统内的产业单元之间相互高度关联，商业地产、文化旅游、金融和电商四大产业之间相互依托、相互支撑。万达文化旅游产业可利用商业地产创新的经验与资源能力基础；商业地产板块获得的客户消费数据包括购物、文化、娱乐、餐饮等消费数据，为万达发展互联网金融业务提供坚实基础。万达的电商以商业地产为基础，打造与互联网企业的线上入口不同的"线下入口"模式，实现线上、线下协同。商业地产作为主导产业，在万达的产业生态系统中主导作用得以充分展现。

从2014年开始，万达进行战略转型，此次转型的目的是：追求长期稳定的现金流、实现产业结构升级，成为一家高科技服务型公司并占据产业链上游和渠道。根据万达集团的规划，到2020年实现万达集团的服务业收入、净利占全集团的比重均超过65%，房地产销售收入、净利占比均低于35%[①]。万达商业地产要实行新的发展模式，同时加快发展文化旅游、金融产业、电子商务三个产业，到2020年形成商业、文旅、金融、电商基本相当的四大板块，彻底实现转型升级。到目前为止，万达集团拥有了主导产业（商业地产）、压舱石产业（酒店、零售业、文化旅游）、平台产业（电子商务、金融），形成的集团产业生态系统见图4-1。其中，文化旅游、电子商务、金融等产业都具有广阔的发展前景与较快的增长速度，而且文化旅游、电子商务、零售业的宏观经济周期性较弱，故万达集团暂未发展蓝宝石与稳定器产业。而且万达的主导产业（商业地产）本身也在转型，实现商业地产的轻资产模式发展。商业地产转型后，万达广场的设计、建造、招商、运营、慧云系统、电子商务系统都由万达自营，但所有投资交由他人出资，资产归投资方。该模式的优点是没有房地产销售，依靠租金获得收入。这使商业地产的发展不受房地产形势、房价高低影响，可以熨平经济周期，使集团的现金流与收入更加稳定。

---

① 资料来源：万达集团官网。

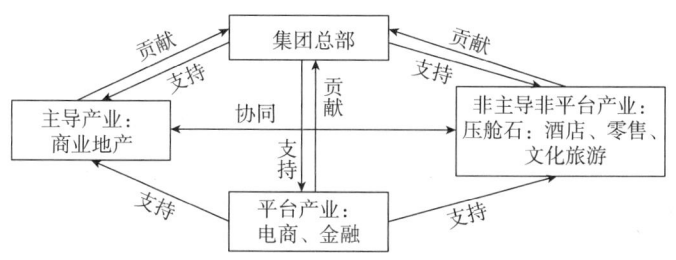

图4-1 万达集团产业生态系统内部结构示意图

二、五粮液集团案例研究

(一)案例概要

五粮液集团有限公司(以下简称五粮液集团)的前身是20世纪50年代初由古传酿酒作坊联合组建而成的"中国专卖公司四川省宜宾酒厂",1959年正式命名为"宜宾五粮液酒厂",1998年改制为"四川省宜宾五粮液集团有限公司"。进入20世纪80年代中后期,五粮液集团抓住改革开放和机制转变带来的机遇,先后有效实施了"质量效益型""质量规模效益型""质量规模效益多元化"发展战略,企业得到长足发展,已成为具有深厚企业文化的国有特大型企业集团。2014年,五粮液集团公司实现销售收入630.94亿元;五粮液品牌价值也持续增长,以735.80亿元的品牌价值蝉联"中国100品牌价值榜"第三名,连续20年稳居该榜单食品行业第一[①]。五粮液集团发展历程详见附录五。

(二)集团公司产业组合情况

通过对所收集资料的阅读与分析,确定五粮液集团在1995年已经将酒业培育成其主导产业。主导产业识别示例见表4-4,其他产业单元类型识别见表4-5。

---

① 资料来源:四川在线-四川日报,2015-03-25。

表4-4　五粮液集团主导产业识别过程示例

确定酒业为集团主导产业的证据示例
从1991~1994年，五粮液白酒先后两次提价，出厂价于1994年第一次超过茅台酒，确立了五粮液"中华第一名酒"和"华夏第一国酒"的地位。五粮液酒厂销售和效益直线上升，稳居全国同行业首位
1993年，五粮液酒厂被国家统计局授予"中国白酒大王"称号，占据白酒行业市场占有率老大的地位
1994年，五粮液酒厂及其白酒业务成为国内同行业的标杆
1995年，五粮液在第50届国际统计大会上被授予"中国酒业大王"称号，并在巴拿马国际博览会上再获金奖
1992~1994年，五粮液投资8亿元，完成了建筑面积达到20多万平方米的8项建设，建成全球最大酿酒车间
1997年，完成了中国最大的勾兑中心建设，1999年建成有世界先进水平的现代大型塑胶包装车间，2000年投入巨资建成了一个4万吨的酿酒车间
2010年，五粮液品牌价值高达526.16亿元，连续16年稳居行业第一，位居全国最有价值品牌第四
2014年，五粮液集团的白酒产业收入超过占集团总收入的三分之一

注：根据收集资料整理。

表4-5　五粮液集团各主要产业单元类型识别

产业单元	进入时间	产业的经济周期性强弱	与主导产业关联性高低	产业单元类型识别
现代物流	1980年	较强	较高	平台
现代包装	1997年	较强	较高	放大器
制药	1997年	较弱	较低	稳定器
轮胎	2004年	较强	较低	蓝宝石
高分子材料	2006年	较强	较低	蓝宝石
现代机械	2006年	较强	较低	蓝宝石
金融业	2014年	较强	较高	平台
文化旅游	2014年	较弱	较高	压舱石

注：根据收集资料整理。

（三）集团公司产业生态系统的构成及运行分析

五粮液集团通过发展白酒业务积累了资金、技术、品牌等资源实力。集团总部为各产业发展提供资源支持。五粮液集团形成了以酒业为主导产业，同时涉足现代制造、现代物流、高分子材料、现代包装、轮胎、制药、金融、文化旅游等产业的产业生态系统。五粮液集团通过一系列有重大意义的战略决策，实现了酿酒传统行业的现代化改造，为企业可持续发展打下了牢固根基。同时，通过多元化投资，形成了较大规模的多元产业。在产业协同方面，五粮液集团通过强化战略管控，完善产业联动机制，促进产业集聚发展，发挥集团产业协同效应。五粮液集团的多数产业是紧密围绕酒业进行布局，与酒业关联度大，互补性强。为巩固主业的市场地位，五粮液在多元化发展战略实施初期，将重点放在为主业提供配套产品和服务的产业领域。与酒产业不相关联的产业之间实现横向协同，即客户、渠道等资源共享。如高分子材料与现代包装、轮胎产业与现代制造产业可实现部分客户资源共享。在产业平台方面，五粮液集团依托其强大的财力、政策支持，引入人力、物力，成立安吉物流集团公司。安吉物流的建立为各产业单元的产品和原材料的内部中转、长途货运提供了运输便利，降低交易风险，也保证了各产业的发展不会受制于外部物流限制。2014年五粮液集团成立财务公司，正式涉足金融产业。五粮液集团金融产业依托集团巨额现金存量，为各产业单元的提供存贷款、资金结算等专业化的金融服务。此外，五粮液集团还建设了国际贸易及服务平台以及信息平台。

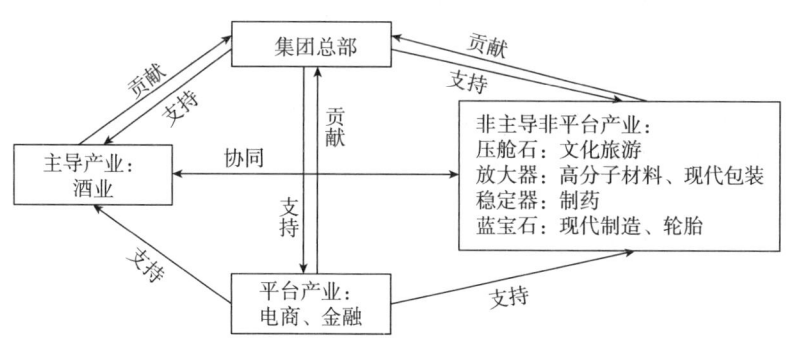

图 4-2 五粮液集团产业生态系统内部结构示意图

经过多年发展，五粮液集团已发展成为以酒业为主、多元发展的特大型集团。五粮液股份有限公司的公开年报显示，酒业贡献了大部分收入、利润以及现金，现代制造、现代物流、金融、高分子材料等产业为集团贡献部分收入与利润，以帮助集团实现财务可持续；业务可持续方面，酒业、高分子材料产业在全国乃至全球具有较强的竞争力。此外，五粮液于2014年正式涉足金融与旅游文化产业，这两个产业单元均属于增长速度快、发展空间广阔的产业。五粮液集团既拥有市场规模大、竞争力强的产业，同时也拥有两个增长速度快、发展空间广阔的产业，能较好地实现业务可持续。在国家宏观经济与白酒行业进入新常态、白酒行业结束了高速发展期的背景下，2014年五粮液集团实现630亿元收入，实现利润90亿元，上缴利税140亿元①。2015年，五粮液以761.26亿元的品牌价值蝉联了"中国品牌价值100强"第三名，居白酒制造类第一位。此外，五粮液集团也高度重视企业社会责任。五粮液在抗洪救灾、对口扶贫、希望工程、朝霞工程、公共设施建设、社会办学等社会公益事业中累计捐款逾10亿元，先后捐助成立了十多所希望学校，在大学建立教育基金。通过这一系列举措获得了很高的社会声誉。

三、海尔集团案例研究

（一）案例概要

中国海尔创立于1984年，经过30年发展，从一家资不抵债、濒临倒闭的集体小厂发展成为全球家电第一品牌、大规模的跨国企业集团。2014年，海尔全球营业额实现2007亿元，同比增长11%；实现利润150亿元，同比增长39%，利润增幅是收入增幅的3倍；同时线上交易额实现548亿元②。海尔集团下属有海尔电器集团公司与青岛海尔股份有限公司两家上市企业。海尔电器集团及其附属公司主要在中国从事研究、开发、制造及销售以"海尔"为品牌之洗衣机及热水器；除经营海尔品牌电器的生产销售外，该集团还大力发展以日日顺为品牌的渠道综合服务业务，从事多元化品牌家电和其他家居产品的渠道综合服务业务。青岛海尔股份有限公司已成为全球最大的家用电器制造商之一；在品牌、技术研发、产品、渠道网络建设、运营模式等方面持续创新、构筑不断适应时代变化的企业竞争力，致力于最终成为智慧互联、智慧生活解决方案的网络化企业。

---

① 资料来源：《人民法院报》，2015-03-06。
② 资料来源：海尔集团官网。

海尔集团经历了名牌战略（1984~1991年）、多元化战略（1992~1998年）、国际化战略（1998~2005年）、全球化品牌战略（2006~2012年）、网络化战略（2013年至今）五个发展阶段。海尔集团发展历程简况详见附录六。

（二）集团公司产业组合情况

经过多个阶段的发展，海尔集团目前形成了"互联网+工业、互联网+金融、互联网+商业、互联网+住居、互联网+文化"的产业生态系统（见图4-3）。集团主导产业的识别过程示例详见表4-6，其他产业单元类型识别见表4-7。

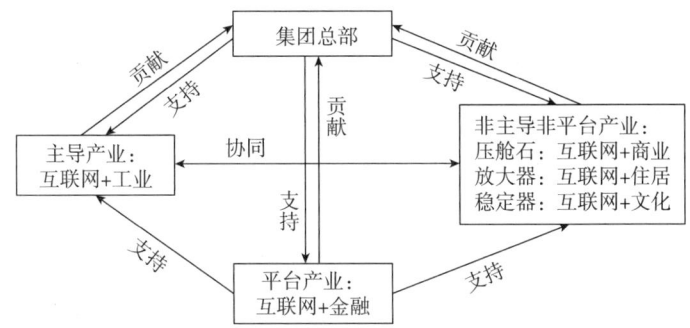

图4-3 海尔集团产业生态系统内部结构示意图

表4-6 海尔集团主导产业识别过程示例

确定"互联网+工业"（家电为主）为集团主导产业的证据
1991年，经过七年稳扎稳打的专业化生产，琴岛—利勃海尔电冰箱在此期间获得中国电冰箱生产史上第一枚国优金牌，成为中国家电第一名
1996年，海尔产品在市场上连续获得"最受消费者信赖的轻工产品"称号，是消费者心目中的理想品牌与首选品牌
1997年，海尔集团几乎涉及了全部的家电行业，其中，电冰箱、冰柜、空调、洗衣机四大门类产品位居全国同行业的前三名
国际著名信息公司Euromonitor的《2000年白色家电市场报告》对2000年全球冰箱品牌市场地位进行排名，海尔冰箱以5.3%的市场份额名列第二，海尔洗衣机在全球同行业中位居第三
2002年，中国最有价值品牌发布最新报告，海尔品牌价值489亿元：跃升国内最有价值品牌第一位，8年来平均增长52%
2002年，海尔集团实现全球营业额711亿元，同比净增109亿元。海外13个工厂全线运营，海外营业额达10亿美元，同比增长37%。其中，大部分来自家电业务

注：根据收集资料整理。

集团公司产业生态系统构建及组合战略演进

表4-7 海尔集团各产业单元类型识别

产业单元	进入时间	产业的经济周期性强弱	与主导产业关联性高低	产业单元类型识别
互联网+商业	1999年	较弱	较高	压舱石
互联网+金融	2001年	较强	较高	平台
互联网+住居	2002年	较强	较高	放大器
互联网+文化	2009年	较弱	较低	稳定器

注：根据收集资料整理。

(三) 集团公司产业生态系统的构成及运行分析

海尔集团通过发展电冰箱业务积累资金、技术、品牌等资源实力。集团总部为各产业发展提供资源支持。在海尔集团产业生态系统内部，"联网+工业"产业是原来海尔家电产业的升级，该产业单元是集团的主导产业；"互联网+金融"产业是产业生态内部的共享金融平台，即平台产业；"互联网+商业"产业是从传统的商业流通渠道转型为价值交互的双边平台，以物联网和物流服务为核心，构建互联网时代用户体验引领的开放性平台；"互联网+住居"产业是以海尔地产为主业，目前已经形成了智慧化住宅地产、商业地产、工业地产、文化养生地产、海尔云谷五大产品线；"互联网+文化"产业是以海尔兄弟动漫形象为依托，搭建原创动漫平台，聚集并培育更多传递正能量的动漫形象，通过战略投资布局手机游戏、动漫衍生品开发、动漫影视制作发行等产业领域。"互联网+工业"与"互联网+商业"实现良好协同。1999年，海尔物流成立，为海尔家电等"互联网+工业"提供综合物流集成服务。同时，家居与工业、商业板块也实现了高效协同。海尔原有产品线资源可支持海尔地产的"部品部件标准化"，具备提供成品精装住宅的基础。地产板块可拉动集团的仓储、物流和智能家电三大业务。海尔集团将金融产业定位于产业生态共享金融平台。该产业单元依托海尔的丰富生态，为各利益有关方提供金融解决方案，实现从产品金融到生态金融的转变。线下拥有财务公司、融资租赁、小额贷款、消费金融、金融保理、资产交易平台等产业金融公司，线上布局快捷通第三方支付和海融易金融超市平台等互联网金融公司。此外，海尔构建开放的创新生态系统，打造高水平的研发平台。海尔建立开放创新平台，打造全球创新交互的社区。

通过完善如图4-3所示的集团产业生态系统，海尔集团正从一家传统制造企业转变为服务型企业。"互联网+工业"与"互联网+金融"能为集团提供持续稳定的现金流;海尔集团下属两家上市公司近年的年报显示,集团公司的利润主要来自"互联网+工业"与"联网+商业"两个板块。"互联网+工业"在全国乃至全球都具有很强的竞争力,而"互联网+金融、互联网+商业、互联网+文化"等产业单元都属于增长速度快、发展空间广阔的产业。海尔集团既拥有市场规模大、竞争力强的主导产业,同时也拥有三个增长速度快且发展空间广的产业。通过产业生态系统的建设,海尔集团实现了稳步增长。2015年,海尔全球营业额1887亿元,近十年收入复合增长率达6%,利润180亿元,同比增长20%,近十年利润复合增长率达到30%,是收入复合增长率的5倍[1]。此外,海尔集团高度重视发展希望工程、绿色环保、扶贫救灾等公益事业。在品牌价值方面,海尔以1288.6亿元的品牌价值连续14年蝉联"2015中国品牌价值100强"榜首[2]。因此,海尔集团在非财务非业务可持续方面也取得了优异的业绩。总之,海尔集团产业生态系统的建设与运行,很好地实现了集团整体价值,支撑集团健康持续快速发展。

第三节 跨案例研究

一、共性分析

(一)以培育主导产业作为发展起点,主导产业发挥重要支撑与带动作用

万达集团首先将商业地产培育成集团主导产业。万达在已形成的商业地产、高级酒店、文化旅游和连锁百货四大产业基础上,加快了电商、金融产业的发展步伐。万达集团的零售、文化旅游、金融、电商四个产业板块的发展均与商业地产关系密切,受到商业地产发展的带动。五粮液集团将酒业培育成集团主导产

---

[1][2] 资料来源:海尔集团官网。

业。利用酒业发展积累的雄厚资金、强大品牌、市场规模，五粮液集团先后进入现代物流、现代包装、制药、轮胎、高分子材料、现代机械、金融业、文化旅游，其中，物流、包装、金融、文化旅游与酒业具有纵向协同关系，直接受到酒业发展带动；酒业为制药、轮胎、高分子材料、机械等产业发展积累了资金。海尔集团将"联网+工业"（由家电产业升级而来）培育成主导产业，为用户提供互联网时代智慧生活解决方案；"互联网+商业"产业以物联网和物流服务为核心，为主导产业提供销售与物流等服务；"互联网+住居"产业单元是以海尔地产为主业，该产业发展既受到主导产业资金支持，也能拉动主导产业的需求；"联网+文化"产业发展也受到主导产业的资金支持。

（二）均经历了主导产业培育、相关多元化的发展阶段，相关多元化发展绩效良好

从上述三家集团的发展历程可看出，他们均经历了主导产业培育、相关多元化的发展阶段，且在这两个阶段均取得良好业绩。2006年，上海、宁波、北京的万达广场开业，万达打赢"三大战役"，奠定万达商业地产龙头地位；万达通过进入与商业地产高度关联的酒店、零售业、文化旅游业，取得高速增长的业绩。五粮液集团的酒业早在1995年就被国家统计局授予"中国白酒大王"称号，占据白酒行业市场老大的地位。五粮液在多元化发展战略实施初期，将重点放在为主业提供配套产品和服务的产业领域，如现代包装、现代物流，发展成绩显著。海尔集团坚持在相关领域多元化发展，在电器、电子技术等主导产业领域稳定发展基础上向相关领域扩展；家电产业的品牌、技术、销售系统和售后服务等资源能够被其他产业单元共享，是海尔多元化发展成功的关键因素之一。海尔相关领域多元化战略取得成功，企业规模和实力迅速扩大。

（三）均建立了平台产业，支撑集团各产业的发展

万达集团进入电商和金融产业，为其他产业发展搭建电子商务与金融平台。2013年，万达进入电商行业，并定位于"大会员、大数据"，希望真正做到线上线下结合。2014年，万达集团进入金融业。2014年10月与中国平安保险股份有限公司签署全面战略合作协议；同年12月，万达集团与快钱公司在北京签署战略投资协议，万达获得快钱控股权，为万达电子商务及金融产业发展提供重要的

支付平台。通过发展电商与金融，万达可以积累大量真实的消费数据，为互联网金融业务发展奠定良好基础。五粮液集团建设了物流与金融两个产业平台。五粮液集团物流产业为集团其他产业单元的产品和原材料的内部中转、长途货运提供了运输便利，降低了交易风险。2014年，五粮液集团成立财务公司，正式涉足金融产业；依托集团巨额现金存量，为各产业单元的公司提供存贷款、资金结算等金融服务。海尔集团将金融产业定位于产业生态共享金融平台，该产业单元依托海尔的丰富生态，为各利益有关方提供金融解决方案，实现从产品金融到生态金融的转变。

（四）在培育主导产业的过程中，均形成了主导产业的核心竞争力

1. 万达集团将设计、管理、创新执行能力打造成商业地产的核心竞争力

商业地产具有门槛高、风险大、管理难等特点，万达创立商业地产以来，从第一代走到第三代。2005年万达先后成立商业规划院、商业管理公司、酒店建设公司，形成商业地产的完整产业链。直到2006年，万达才找到城市综合体这种符合中国国情的模式。由于招租难，万达自己做内容，例如院线、百货等，这就为万达现在的产业布局做了铺垫。万达做商业地产具有独特的竞争优势：前期规划设计、中期开发建设、后期运营管理，形成国内唯一的完整产业链；超强的执行能力与运营管控能力；独特的"订单商业地产"形成了强大的竞争优势；赢得金融资本青睐。万达具有很强的学习与创新能力；正因为善于学习总结和不断创新，万达才能领先于全国。

2. 五粮液集团将品牌、技术、市场网络打造成酒业的核心竞争力

五粮液以高品质的产品赢得市场，树立了良好的品牌形象。实施严格的质量管理，狠抓产品质量建设，不断提升产品质量，并确保产品质量的稳定。以此为基础，五粮液通过媒体传播、参与社会公益活动等构建了良好的企业形象。这也使五粮液拥有极其雄厚的社会资本支撑。2014年五粮液品牌以735.80亿元的品牌价值蝉联"中国100品牌价值榜"第三名。五粮液高度重视白酒产业产品技术研发。2006年申报了国家级技术中心，数十项科研成果获得国家和省市奖励，不少科研成果在国内或行业属于首创。五粮液积极探索业务合作发展模式：在产品开发方面，按销售商对产品感官要求，结合生产工艺的特点进行设计。同时，发展海外市场拓展合作商，扩大白酒产品出口。五粮液在

国内外建立了庞大的市场销售网络，为获得和巩固行业龙头地位提供市场网络保障。

3. 海尔集团将品牌、服务、技术及管理打造成家电产业的核心竞争力

海尔早在创业之初就提出创名牌战略，投入巨大资源进行品牌推广；创名牌的核心在于产品品质，高品质的产品依赖于严格的管理。海尔创建了 OEC（Overall Every Control and Clear）管理法。OEC 管理模式旨在通过日积月累的管理进步，使生产力诸要素的组合与运行达到合理优化状态。海尔在资金、人力等方面给予科研极大支持，始终保持产品技术、质量上的创新。海尔集团投资 5 亿元建立了中央研究院，依托其强大的技术研发实力，建立具备科技创新能力和可持续发展能力的产业孵化基地。海尔是中国第一家提出"以服务赢得市场"的企业。海尔的国际星级服务是依赖于其独特的服务理念和庞大的服务网络。海尔认为，质量是企业的生命，服务是信誉的源泉，张瑞敏将海尔的市场行为归纳为"卖信誉而不是卖产品"。

二、差异性分析

（一）万达集团战略转型及时，迅速做强做大新进产业，保持持续高速发展

1. 万达集团成功进入文化产业，并迅速做强做大

万达集团 2012 年注册成立文化产业集团，成立当年，文化产业收入超百亿元，2013 年收入达到 255 亿元，是全国"文化产业 30 强"第一名。万达能快速发展成为全国文化产业龙头，其主要采取以下做法：一是创新文化产业模式。在产业要素、科技含量和经营模式上进行大胆尝试和创新，用新的产业模式引领发展。万达选择走高科技文化产业的道路，特别注重在文化产品中注入世界最新科技，打造高科技的文化产品。如武汉汉秀、电影娱乐科技是内容和形式高度统一的科技型文化产业。二是实施"大投入、大产出、产业规模经营"。万达做文化产业坚持"把规模做大，做连锁化"的原则；所有文化企业都采取连锁经营模式，做到"统一品牌、统一制度、统一运营"。三是坚决践行"人就是一切，人就是事业"的理念。文化产业是创意产业，最重要的是创意和人才；万达不仅注重引进国内一流人才，更在全球范围内引进顶尖人才。此外，

第四章 集团公司产业生态系统运行与组合战略演进的探索性案例研究

万达文化项目突出中国元素、体现地方特色、设备独家定制的优势在运营中逐渐体现出来。

2. 万达发展过程中的四次转型与创新，推动集团持续、高速、健康发展

万达集团先后经历了四次转型：第一次在1993年，由地方企业转向全国性企业，1998年万达大规模走向全国。第二次在2000年，由住宅地产转向商业地产，原因是住宅地产的现金流不稳定，为实现持续稳定发展，万达决定转向商业地产。第三次在2006年，从单一房地产转向商业地产、文化旅游综合性企业，围绕商业地产，万达进入文化与旅游等产业。第四次在2014年初开始实施：从空间上看，万达从中国国内企业转向跨国企业；从产业上看，万达从以房地产为主的企业转向服务业为主的企业，形成商业、文化、金融、电商四个支柱产业。万达集团第四次战略转型的目的主要是：第一，获取更大竞争优势；第二，不受经济周期影响；第三，实现四大产业内在关联。通过第四次转型，万达集团追求长期稳定的现金流，实现产业结构实现升级，占据产业链上游和渠道。万达的不断创新与转型，带来过去20多年的高速发展。每一次转型都给万达带来新的战略机遇和企业高速发展。

3. 万达集团持续高速成长的原因分析

万达集团自成立以来，保持持续高速发展，而且未来发展势头依然非常好。分析其原因，主要有以下几点：一是能够洞察经济社会发展大势。万达集团在发展过程中，始终能够洞察经济社会发展大势，顺应环境变化，抓住重大的产业发展机遇。万达集团已成为产业链航母，而且每一个产业单元有着广阔的增长空间。二是具有很强的学习与创新能力，能在新进入领域迅速建立起独特优势。万达集团始终注意把握产业的发展规律与趋势。在发展过程中，万达集团展示出很强的学习能力，并善于总结和不断创新，始终能够领先于全国同行。三是具有很强的资源整合能力，实现了快速扩张。早在发展商业地产初期，万达集团与世界500强企业签署了企业合作协议。2012年万达成功并购全球排名第二的美国AMC影院公司。近年来万达集团的海外并购动作频繁，万达集团海外业务的发展主要依靠并购手段来实现。

（二）五粮液集团非相关多元化未达预期，发展速度下降、发展业绩欠佳

1. 五粮液非相关多元化效果不佳，集团及时做出调整

五粮液集团曾广泛涉足服装、机械制造、制药、日化、环保等多个领域。资

料显示,五粮液多元化投资的综合收益率并不高;即使有盈利项目,其对集团的总体贡献度也较小。横向多元化投资战略未达到预期,也令五粮液集团不得不反思。2012 年五粮液集团明确提出"凸显酒业、优化多元"的发展战略,计划收缩过去的横向多元化投资战略。2012 年之后,五粮液就开始转变多元化投资思路,确立了"1+4"的多元化发展思路:"1"是指以核心业务白酒行业为主导,"4"是指机械制造、高分子材料、光电玻璃、物流行业。除上述五个产业外,其他产业正在逐步退出。当时促使五粮液收缩投资战略的另一主要因素是主业利润的大幅度下滑而造成的现金流"缩水"。公开资料显示,2013 年五粮液集团销售收入 630 亿元,离集团"十二五"提出的千亿目标尚有距离。五粮液不得不请求地方政府推迟实现千亿元目标的时间。五粮液跨行业大手笔投资减少的同时,在主导产业(酒业)板块的投资动作频繁。2013 年,五粮液投资河北邯郸永不分梨酒业股份有限公司和四川中国白酒金三角品牌运营发展股份有限公司;2014 年 4 月,五粮液又拟投资收购河南五谷春酒业的控股权。

2. 五粮液集团非相关多元化效果欠佳的原因分析

一是对酒业发展趋势的判断存在一定程度的失误。白酒行业在我国的发展历史悠久,生命周期较长。虽然白酒行业在 20 世纪末期市场需求趋向饱和、竞争逐渐加剧,但不同消费档次、不同品质的白酒产品的生命周期并不同。五粮液白酒业务发展,积累了强大的品牌、营销网络、技术与人才优势。五粮液集团若当初继续专注于中高档白酒和品牌塑造,借助我国综合实力不断增强和中华文化复兴的宝贵历史机遇,定位于全球白酒文化的领导者角色,不断总结、凝练、推广我国酒文化,五粮液集团也许能获得更好发展。二是开展非相关多元化的能力不足。五粮液通过发展酒业形成的核心竞争能力与新进入的产业领域并不完全匹配。通过酒业发展积累了良好的资源基础和酒业经营能力,但形成的核心能力如生产技术、管理经营、人才队伍等难以成功转移复制到现代制造、制药、轮胎等领域。五粮液进入的产业数量过多且又缺乏高度的关联。因此,新进入产业的核心竞争力迟迟难以构建。三是体制机制的制约作用明显。作为宜宾市最重要的国有企业,五粮液不仅追求自身发展,还担负着为宜宾市发展经济做贡献等政府目标。由于五粮液干部人事任命复杂,五粮液集团的公司决策、内部运行等都存在诸多缺陷。治理结构长期欠缺规范性,集团多元化投资决策的可行性论证及决策程序的科学性都需要反思。

第四章 集团公司产业生态系统运行与组合战略演进的探索性案例研究

（三）海尔集团基于核心竞争力的多元化成效显著，持续创新推动集团发展

1. 基于核心竞争力开展多元化，取得良好成效

海尔集团在发展家电产业过程中培育出品牌、研发、网络（营销、物流、服务）及文化的核心竞争力，并围绕上述核心竞争力开展多元化经营。针对国内多元化经营的误区，海尔提出了"东方亮了再亮西方"的理论：一是将自己最熟悉的行业做大、做好，在此前提下，进入与该行业相关的领域经营；二是进入一个新的行业，做到一定规模后，一定要跃居该行业前列。遵循该原则，海尔选择进入家电、电子等行业，生产与企业原主导产品相关联的产品。海尔集团在其拳头产品电冰箱上取得了市场占有率领先的市场地位后逐渐进入空调、洗衣机市场，接着进入了彩电市场，总体来看取得了良好业绩。1999年，海尔物流成立，为全球客户提供有竞争力的综合物流集成服务。海尔集团在电器、电子技术等主导产业领域稳定发展基础上向相关领域扩展，效果较好。

2. 与时俱进，持续创新，推动集团健康发展

从1984年创业至今，海尔集团经过了名牌战略发展阶段、多元化战略发展阶段、国际化战略发展阶段、全球化品牌战略发展、网络化战略五个阶段。自企业创建以来，海尔致力于成为"时代的企业"，每个阶段的战略主题都是随着时代变化而不断变化的，但贯穿海尔发展历程的，都离不开管理创新，尤其重点关注"人"的价值实现。进入互联网时代，海尔积极把握时代变革探索新模式，2005年9月正式提出"人单合一双赢"模式。在组织创新上，海尔集团"外去中间商，内去隔热墙"，把架设在企业和用户之间的引发效率迟延和信息失真的传动轮彻底去除，让企业和用户直接连在一块。截至2015年，海尔集团已支持内部创业人员成立200余家小微公司；创业项目涉及家电、智能可穿戴设备等产品类别以及物流、商务、文化等服务领域。

第四节　本章小结

本章通过探索性案例研究发现，作为历史比较悠久、发展较为成熟的大型集

团公司,均拥有主导产业、平台产业以及非主导非平台产业。集团总部、主导产业、平台产业以及压舱石、蓝宝石、放大器、稳定器产业之间相互影响、相互作用,共同创造集团的整体价值。万达集团、五粮液集团、海尔集团的发展历程均说明,主导产业的培育成功是集团开展多产业经营的基础。集团在培育主导产业的过程中,会逐渐形成自身的核心竞争力。只有将多产业经营战略与集团主导产业、核心竞争能力统筹考虑,才能发挥集团的组合优势。集团公司在成长过程中,均经历了主导产业培育、相关多元化发展的过程。

第五章
集团公司产业生态系统运行机理与组合战略演进研究

本章是在第四章研究的基础上，应用规范性分析方法研究集团产业生态系统运行机理以及产业组合战略的演进。在文献研究和探索性案例分析的基础上，结合企业能力理论、母合优势理论、多元化战略等经典理论，本章提出揭示集团产业生态系统内部运行过程机理的"HC-S-PV模型"。由于集团公司产业生态系统的发展是一个不断演化的过程。在演化过程中，集团产业生态系统成员的数量、质量及稳定性在各阶段呈现出明显的差异。集团产业组合随着集团发展也是一个动态演化的过程。本章基于探索性案例研究及已有研究成果，运用规范性分析方法研究集团产业组合战略演进的过程、规律及动力，并提出了揭示产业组合战略演进规律的"双演进模型"。

集团通过实施产业组合战略、产业平台战略、产业协同战略来构建产业生态系统也需经历较长时间的过程（见图5-1）。由于篇幅与时间精力限制，本书聚焦"产业组合战略"的研究。

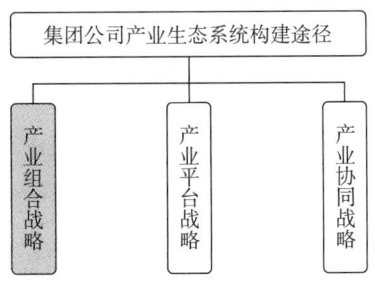

图5-1 集团公司产业生态系统构建途径示意图

第一节 集团公司产业生态系统运行机理研究

一、"能力—战略—绩效"分析框架

(一)分析框架的选择:"能力—战略—绩效"框架

战略管理理论研究先后产生了不同的研究范式,SCP(Structure – Conduct – Performance)范式强调外部环境结构对企业战略和企业绩效的影响。SSP(Strategy – Structure – Performance)范式强调能力因素尤其是组织结构(Organization Structure)对战略及企业绩效的影响。RBV(Resource – Based View)范式强调企业内部特有的资源对于赢取持续的战略竞争优势从而取得企业高绩效的作用。OESP(Organization – Environment – Strategy – Performance)范式(Moshe Farjoun,2002)在综合已有研究范式基础上,构建了"组织—环境—战略—绩效"的综合研究框架,该模型注重上述四个要素之间的相互作用和配合。波格·沃勒菲尔特(Birger Wernerfelt,1984)提出企业的资源基础观,该理论由关注企业的产品定位转向关注企业的资源定位,关注企业如何获取所需要素来建立核心能力,并通过核心能力对资源进行有效组合以产生和保持竞争优势;该理论弥补了战略管理定位学派对企业自身关注不够的缺陷。格兰特(1998)将资源和能力为导向的战略称为"资源导向战略",强调公司外部环境变化的频率越高,内部资源和能力就越有可能为长期战略提供基础。伯格曼、麦迪奎和惠尔赖特(Burgelman,Maidique and Wheelwright,2001)认为,从本质来看,战略是公司能力数量与质量的函数;战略要指出如何抓住能力所创造的机会的途径。林梅和蓝海林(2006)指出,企业资源基础观建立了企业内部如何与战略匹配的联系;组织能力是企业集团多元化扩张的关键支撑;以"学习—能力—战略"为递进逻辑的研究有助于理解中国企业集团多元化战略的内在原因,也助于探索解决集团公司发展中存在的问题。结合文献研究,根据探索性案例研究的发现,本章选择运用

"能力—战略—绩效"(Capability – Strategy – Performance)的框架来分析集团产业生态系统的运行机理。

(二) 分析视角的选择:集团总部价值创造视角

20世纪80年代,以价值为基础的公司层战略开始流行,引发人们对公司整体价值的关注。学术界出现了以资源为基础的战略观、愿景驱动式管理理论、核心竞争力理论以及母合优势理论等有代表性的理论。郭朝阳(2005)总结了上述理论对公司总部价值创造的解释:RBV 理论认为公司总部价值的创造体现在积极开发、利用自身拥有的资源;愿景驱动式管理强调公司总部的价值创造源于企业家高瞻远瞩的眼光,以及对未来不确定性的一种勇气与胆量、直觉与远见;根据核心竞争力理论,总部必须通过寻找最有价值的核心能力,并发现运用这些能力获得最大价值的方式;母合优势理论则认为公司总部的价值创造源于其价值创造洞见与母公司机会的匹配,并提出公司总部价值创造的四种基本类型:业务影响、连接影响、职能和服务影响及公司发展活动。集团公司总部根据自身能力强弱,结合外部环境带来的机遇与挑战,制定并实施集团公司战略,从而实现集团公司组合价值。在文献研究和探索性案例分析的基础上,结合企业能力理论、母合优势理论、多元化战略等经典理论,提出包括集团总部能力(Group headquarters capacity)、集团战略(Group strategy)、集团组合价值(Group portfolio value)的概念模型("HC – S – PV 模型",如图5 – 2 所示)。该模型的思想也符合"行为—绩效"的经典范式。

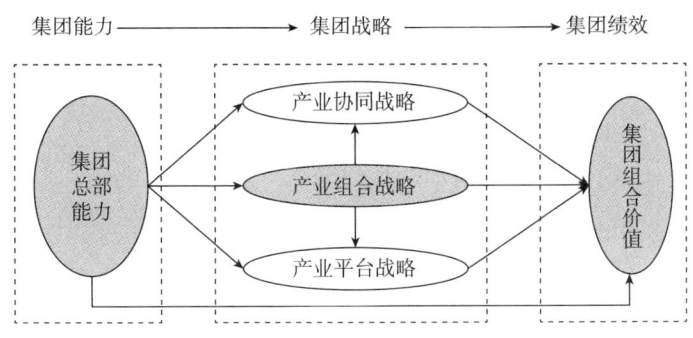

图5 – 2 集团产业生态系统内部运行过程机理示意图(即"HC – S – PV 模型")

其中，集团总部能力指集团总部具有的组织能力，该能力随着集团发展不断演变。产业组合战略指集团总部通过优化产业单元构成并对各产业单元在集团内部的贡献与功能进行定位的战略。产业协同战略指集团总部通过协调产业单元之间的协作与资源共享来实现协同效应、创造组合价值的战略。产业平台战略指集团总部利用范围经济与规模经济，为各产业单元集中提供具有共性需求的资源与服务的战略。集团组合价值指集团的财务可持续、业务可持续及非财务非业务可持续三种价值之和。其中，财务可持续是指"拥有持续稳定的现金流以及最大化的利润"；业务可持续是指"拥有能支撑集团可持续发展的完善产业组合，即包含主导产业、平台产业、压舱石、放大器、蓝宝石、稳定器产业"；非财务非业务可持续包括卓越的人才团队、良好的社会声誉与公众形象等。

集团总部作为整个集团的中枢神经，掌握着集团大量资源，同时也是集团内部市场的资源配置中心。集团总部负责整个集团长期规划、重大计划评估与协调整合的组织，应明确自身功能定位、培育自身能力，并与集团战略有效匹配才能为下属各产业单元创造并增加价值。集团总部的能力决定集团战略。集团总部的能力体系是集团战略决策以及竞争优势形成和维持的根本决定因素之一。集团产业组合的目标在于集团对现有能力的充分利用，通过能力运用来形成集团组合价值。集团制定产业组合战略时，应首先分析自身的能力，找出自身优势与劣势，然后结合外部环境，根据内外匹配原则来选择产业组合战略。产业组合确定后，集团总部根据自身资源与能力，选择与产业组合及集团总部能力特征相匹配的产业协同与产业平台战略，以创造集团组合价值。集团资源与能力的异质性构成集团竞争优势的基础，集团能力也是形成集团绩效差异的基础。

二、"集团能力—集团战略"分析

集团公司本质上是其拥有资源和能力的集合体，该集合由一系列具有相关性的能力构成。集团的这种能力特性为集团战略的选择提供了可能性。虽然集团总部的存在会产生相应成本，但总部具备的特定功能不仅有助于提升下属各产业单元的绩效，对集团整体竞争优势的形成和组合价值创造也起到至关重要的作用。正如钱德勒所指出的：组织能力是企业发展的根本动力。而组织协调机制是企业发展的核心运行机制。企业协调能力的优劣，直接关系到企业的生存发展。由组织、指挥、计划、控制等构成的企业协调系统，是企业优化配置资源的基本保证。组织优势是企业的各种能力转变为整体优势的整合，是企业竞争优势形成的核心。组织优势的基础是企业的组织能力。林梅和蓝海林（2006）认为，组织能力是企业获得、创造、整合和使用内外部资源，尤其是不能通过价格机制从外部市场获得的资源，形成资源的独特组合，创造可感知价值的过程。战略选择是着眼于建立企业竞争优势、由组织能力引导并贯彻的战略类型；组织能力决定着战略选择的成效。

（一）集团总部能力对产业组合战略的影响分析

集团公司作为一个具有紧密资产控制关系的企业群体，不仅是一种社会化大生产的组织，也是一种大规模生产的学习方式。当一个单体企业经过发展积累了足够多的知识与经验后，就会产生进一步发展的动力。多产业经营的选择有利于集团快速获取利润，帮助集团积累更多资源。同时，在多产业经营的集团内部，产业上下游关系比单一企业的供应链关系更加紧密，生产规模也更大，这对集团组织协调能力提出更高要求。集团总部的能力会影响集团对产业的选择以及布局。Goold 等（2001）提出了多元化企业总部创造价值的方式，主要体现在管理业务投资组合方面，比如开展多元化投资以分散经营风险；剥离非核心资产聚集企业资源并进行合理配置；指导和控制各项业务；制定战略及激励措施；在相关业务单位之间共享资源和核心能力。黄山、宗其俊、吴小节、廖诺（2010）认为，集团总部应扮演哺育者角色，即集团总部通过影响并增加下属经营单位的价值来实现自身价值。比如，管理公司投资组合、制定战略，为业务单元设立绩效目标、进行资源分配。集团总部往往拥有多种方式来进行价值创造，其中一种方式是将总部视为"价值创造中心"，各单元都具有清晰的价值创造目标，由一些驱动利润和价值增长的活动构成。

Kono（1999）认为，集团总部应具备公司战略规划、核心能力构建和提供集中式专家服务三项功能。其中，公司战略规划职能包括制定企业目标和产品—市场战略，由高层管理者、规划部门以及研究管理部门和预算部门执行；核心能力构建是指通过企业总部专业职能部门识别和发展公司核心能力并转移至各业务单元以助其形成各自业务层面需要的竞争性专业知识。林梅、蓝海林（2006）认为，企业能力是多元化成败的决定因素，即使进入非相关领域只要拥有足够的知识和能力也能较好地把握企业集团的发展轨迹。无论是多元化发展还是回归主业，一定程度上都是集团能力使然。张海霞、徐斌、王仁锁和王涛（2002）认为，多元化经营是有条件的，没有充足的资金和技术力量、缺乏相应的管理知识和控制手段，多元化的风险将会很高。杨爱义和韦明（2002）强调，企业集团的多元化战略应致力于培育核心能力，即将技能、互补性资产和运行机制融合的能力。根据黄山等（2010）的观点，集团总部价值创造活动包括战略决策、战略管理、高管能力开发，其中，战略决策活动的目的是为整个集团制定独特的发展战略，比如对下属业务单元的取舍，决定新进入或退出哪些业务领域？合理配置公司资源来提升业务组合的整体价值；战略管理活动的目的是为集团创造价值建立持久的竞争优势；高管能力开发活动的目的是提升高层管理团队的质量和能力。上述活动的开展，均属于产业组合管理的内容，均需要集团总部具备相应的能力方能成功组织实施。

（二）集团总部能力对产业平台战略的影响

母合优势理论认为，规模经济效应和专业分工效应的存在为总部参谋人员带来价值创造机会。总部职能部门须真正拥有某些专业技术与能力，并通过资源的集中使用获得规模经济效应。集团总部在集团内部扮演提供共享综合服务的角色，应以卓越的能力支持、服务下属产业或业务单元。集团总部向产业单元提供集中服务，比如提供信息、采购、培训等系统。在集团总部共享服务中可集中管理注意力，获得规模经济和标准化机会。Kono（1999）认为，集团总部应具备公司战略规划、核心能力构建和提供集中式专家服务三项功能，其中集中式专家服务是指企业总部将财务、信息系统等活动统一由具有专业知识的总部职能部门提供。Goold 等（2001）提出的共享服务是以组织中与其他职能部门相分离的组织单元提供服务为前提，总部并不需要全权提供集中式的共享服务，可由某一业务单元独立承担组织内部其他成员需求的服务或实行外包以提高服务效率。陈青姣（2016）认为，集团公司总部实力会影响集团的产业平台战略的实施，集团总部应掌握集团资源的实际控制权且拥有相对强大的实力，才能为集团公司搭建产业平台。各产业单元共享、共同使用的核心资源与能力构成产业平台的主要资源与能力。这些资源与能力既可来自集团内部所拥有的，也可来自独立开发或联合开发或整合外部资源。这与集团总部能力的强弱紧密相关。集团总部的能力越强，集团公司越倾向于实施产业平台战略，以获取更大的组合效应。

(三) 集团总部能力对产业协同战略的影响

母合优势理论认为，业务单位之间的连接影响使各业务单位通过内部交易、技术与资源共享、协调产品范围或其他互利关系而受益时，业务连接就能创造价值；连接影响的关键前提是：集团总部能够帮助实现那些被业务单位忽视或回避的有价值的连接机会。集团总部可通过供应政策、转移定价机制、跨单位的任务小组、奖励与评价系统、总部政策或指引、总部专家、知识经验共享与信息交流等。Barney (1997) 认为，集团总部要创造价值，须考虑到制度的优越性、适合性。集团总部对成员企业控制和协调需建立在一定的制度与规则基础上。Goold 等 (2001) 从"总部价值创造说"和"哺育理论"（Parenting Theory）视角解释了总部价值创造的合法性以及对促进企业整体竞争优势塑造的重要性，同时提出总部最小化、价值增值以及为下属业务单元提供集中化的共享服务三大关键功能。温承革 (2007) 通过 130 家企业集团总部的实证研究，认为中国集团总部的连接影响功能发挥着重要的价值创造作用，而总部的职能服务功能尚未发挥明显的价值创造作用。集团总部价值创造表现在两个方面：第一，集团总部投资下属企业能带来价值；第二，集团内部各个企业之间产生的"协同效应"。葛婧、王远军、赵茂磊 (2005) 强调，企业集团的价值创造分为两个层次：一是投资项目或业务本身带来的价值；二是投资项目或业务之间的"协同效应"带来的价值；"协同效应"真正反映了集团总部存在的要义。"资源共享""纵向一体化""提高市场支配力"等都是可利用的业务相关性。杨东文 (2013) 认为，集团总部对下属产业公司的管理具体包括：产业公司的战略规划、资源配置、年度业务规划、业务协同等。总部的价值增值与企业的战略紧密关联，强调总部通过识别存在的母公司增加价值的重要机遇以帮助各业务单元显著提高绩效，也反映了总部存在的根本意义。总之，集团总部的能力对产业协同战略的实施效果产生重要影响。

三、"集团战略—集团绩效"分析

为证明自身存在的经济合理性，集团总部须在投资者与经营单位之间发挥比市场交易效率更高的作用。集团总部通过对产业单元组合产生影响来创造价值。已有研究表明，集团总部通过对产业单元的垂直干预与水平合作来为业务组合增加价值。蓝海林（2013）指出，集团公司总部在创造净价值时面临以下约束：①集团公司总部不是通过经营产品或服务来创造净价值，而是通过"经营"企业或产业单元来创造净价值。②要想通过"经营"企业而创造净价值，就须建立一个产业组合，这其中存在着"组合效益"，即存在着通过"管理"产业组合之间的关系而创造价值的可能性。集团公司对下属产业单元的影响以及组织机制是集团创造价值的关键。集团公司拥有能提高产业组合绩效并创造价值的机会，而且集团公司须能够察觉到产业单元发展所面临的机会。集团公司须拥有匹配实现这些产业发展机会的公司特征。这些特征包括公司的心智模式，结构、系统和过程，职能、服务以及资源，人员和技能等。综上，公司总部的价值创造主要是通过对公司资源与能力的利用与配置，对下属产业单元进行的组合管理来实现。基于文献研究与本书第四章的探索性案例研究，本书提出如图 5-3 所示的"集团战略—集团绩效"作用机理。

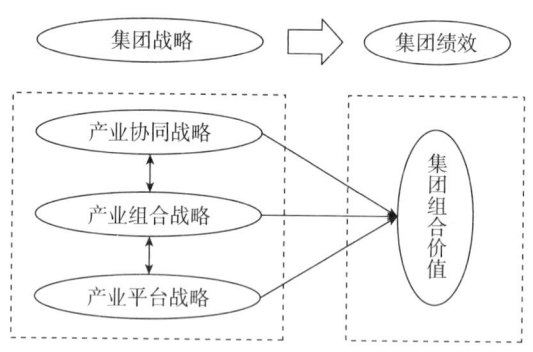

图 5-3 "集团战略—集团绩效"过程作用机理示意图

（一）产业组合战略

1. 产业组合战略包括产业组合建设与产业定位

产业组合建设是指集团总部通过收购、出售或整合已有产业单元以及创建新的产业单元来改变已有的产业组合。集团公司战略决策会定义集团经营的范围，改变组合中的产业单元的定义、本质和数量。

2. 集团进行产业单元组合的具体举措

（1）合并或分离产业单元。若能通过合并或分离产业单元来增强其竞争力和改善绩效，集团总部就能创造价值。通常情况下，收购或出售为集团总部合并或分离产业单元提供了机会。对产业单元重新定义的目的是让产业单元在没有集团总部干涉和指导的情况下变得更有竞争力。

（2）创建新产业单元。集团公司通过恰当地建立新产业单元，为集团创造新的增长点，从而创造价值。进入新的产业单元一般有两种情况：一是从现有产业单元中抽取一定的资源，联合建立的新产业单元；二是利用总部或产业单元中未利用的资源建立新的产业单元。

（3）开展并购。集团总部要通过收购产业单元来创造价值，必须使收购的产业单元比之前的公司经营得更好，这是创造价值的基本条件。同时，合理的收购价格是创造价值的重要前提。

（4）集团总部指导下的产业单元组合调整。通过明确集团主导产业，然后利用集团总部与主导产业所拥有的资源与能力来进行产业布局，发展各产业。产业定位是指集团总部根据产业单元为集团目前及将来所做贡献（含财务绩效与非财务绩效）来确定各产业单元在产业生态系统内的角色，并根据不同的角色定位进行资源配置与管理。产业定位的本质是"整体资源在各种产业单元中配置"。产业单元定位会影响集团总部对各产业单元的投入，包括人、财、物等各方面的投入。一般而言，产业单元的角色定位越重要，承担的职责越大，集团总部对该产业单元的投入会越大。集团开展产业平台建设与进行产业协同管控，均要以产业组合为基础。因此，产业组合战略对产业协同与产业平台战略均产生重要影响。

（二）产业协同战略

产业协同战略是指集团总部通过协调产业单元之间的协作与资源共享，来发挥协同效应、创造价值。迈克尔·波特研究了集团内业务单元间关联的性质和强度，并提出了横向战略，认为明晰的横向战略应是集团战略和公司战略的核心。横向战略是指协调相关业务单元的目标和战略，包括协调现有业务单元和基于现有业务单元的关联选择进入新产业。母合优势理论也强调业务单元之间的连接是母公司创造价值的重要途径。集团总部通过政策制定、价格转移机制、交叉任务小组、奖励和再造机制、人员调动、资源与信息共享等,鼓励和促进产业单元之间的协同。由于产业单元只会从自身利益出发进行开展协同,集团总部从集团全局出发,进行协同管控,才能实现整体价值最大化。集团总部需平衡产业单元协同时所产生的利益冲突。产业协同战略包括横向协同和纵向协同两种类型。产业协同的效果会影响集团整体的成本及竞争力,进而影响集团整体绩效。

(三) 产业平台战略

产业平台战略强调集团总部为下属产业单元提供公共服务,其表现形式包括平台产业与职能平台。集团总部利用范围经济与规模经济,为各产业单元集中提供具有共性需求的资源与服务。总部职能与平台产业通过为下属产业单元提供职能领导与高效的服务来创造价值。由于集团各产业单元的角色定位并不同,总部应该优先为集团内部战略角色重要的产业单元提供服务。集团总部提供的产业平台为各产业单元的发展增添动力与支撑,促进产业单元提升自身的竞争力。在实施产业平台战略的过程中,集团总部不会干涉、阻碍下属产业单元的正常发展,也不会牺牲某个产业单元,而是在各产业单元连接点或重合点提供相关服务,高效利用集团资源,提升集团运行效率。产业平台战略通常可完成单一产业难以完成的或跨产业整合资源的相关工作,从而推动产业单元发展与集团整体竞争力的提升。

(四) 集团公司组合价值

美国学者迈克尔·古尔德等认为,企业会影响到许多利益相关者的切身利益;关于各利益相关者相对优先次序的决定,体现了各公司自身独特的目的和判断。可根据公司的目标和目标优先顺序定义价值。巴纳德在《经理人员的职能》一书中也指出,只有制定了企业目标,才能使企业内外环境中的其他事物具有意义。根据上述分析,组合价值的概念来源于集团公司的目标。

基于文献研究及笔者在参与战略咨询项目中的访谈,本书将集团公司的目标概括为财务可持续、业务可持续以及非财务非业务可持续。其中,财务可持续是指"拥有持续稳定的现金流以及最大化的利润"。公司价值是预期产生的自由现金流流量按资本折现的净现值,自由现金流量是公司创造价值之源。集团公司的任何一项管理活动和决策应满足以下条件中的一项或多项才能创造价值：增加现有资产产生的现金流；增加现金流的预期增长率；增加公司增长期的长度；优化融资决策及资本结构管理增加公司价值。同时，现金流也是企业的生命线。因此，集团必须拥有持续稳定的现金流。集团总利润等于集团总收入减去总成本。集团公司通过规模经济与范围经济，尽量扩大总收入、同时降低总成本，追求最大化的利润。财务指标主要是对历史业绩的呈现，业务可持续更多地反映集团发展预期。业务可持续是指集团拥有能支撑集团可持续发展的完善产业组合，既具有较快增长速度、广阔发展空间，同时又具有较强的竞争力以及良好的抗风险能力。追求业务可持续的集团公司在产业布局上考虑既拥有规模大、竞争力强的主导产业，同时又要有增长快速、发展空间广阔的产业即蓝宝石产业，同时产业之间应高度关联以增强整体竞争优势即拥有压舱石与放大器产业；此外应拥有受宏观经济周期性影响较小的压舱石或稳定器产业。非财务非业务可持续包括卓越的人才团队、良好的社会声誉与公众形象等。

本书将集团公司的组合价值界定为：财务可持续、业务可持续、非财务非业务可持续三种价值之和。集团总部应首先根据自身能力，结合外部环境，建设适合自身的产业组合，然后对各产业单元进行产业定位，并根据产业定位提供资源与实施管控。为发挥集团的整体效应，集团总部进行产业协同、提供产业平台，帮助各产业单元更好地发挥自身作用、创造组合价值。集团总部获得组合价值以后，反过来又为产业组合建设提供更多资源支持。通过建设新的产业单元组合来创造更多的组合价值，从而形成良性循环，促进集团不断向前发展，直至集团建成完善的产业生态系统。集团公司通过实施产业组合战略、产业协同战略、产业平台战略来实现集团组合价值。

第二节　集团公司产业组合战略演进研究

纳尔逊（Nelson）和温特（Winter）于1982年发表《经济变迁的演化理论》一书，将"演化"（evolution）的概念和分析方法扩大至经济理论的一般方法论中，开创了演化经济理论。演化经济理论在宏观经济变迁及微观组织发展领域均有着广泛应用。在战略管理领域也有许多学者从演化视角对战略决策、组织变革、国际化战略等问题进行研究。蓝海林、林梅（2006）指出，演化理论认为资源的获取和利用方式具有路径依赖的特征，一个企业在某一时期的资源结构、组织能力与竞争地位是与其发展过程密切相关的；RBV理论认为，企业的核心资源往往以隐性知识方式存在，难以通过市场交易来获得，因此，核心资源和核心能力的培养需要较长时间。集团公司培育自身能力需要一个漫长过程。

一、产业组合战略演进过程分析

（一）基于集团成长的产业组合战略演进过程

1. 基于产业生态视角的集团公司成长阶段划分

曾萍、吕迪伟（2015）认为，中国大陆企业要成长为具有国际竞争力的"世界级"企业，首先，要立足资源基础观，关注自身资源与能力培育。其次，在积累丰富资源能力的基础上，积极开展横向与纵向整合，做强做大，成为"中国第一"；同时需深刻理解中国转型期独特的制度环境以及区域制度环境差异对企业的约束。戴良铁和戈维丽（2012）指出，人们对企业成长内涵的认识经历了"做大—做强—做久"的演变；"做大"重视的是人、财、物的扩张，主要是基于资源的成长；"做强"则不仅重视人、财、物，更重视管理和机制的建设，主要是基于能力的成长；"做久"则是在"做大、做强"的基础上，再加上理念，是基于理念的成长；"做大—做强—做久"也是每个企业必然经历的成长过程。

为实现集团公司产业生态系统的发展目标，集团公司构建的产业生态系统应具有以下特征：第一，集团公司产业生态系统中始终保持至少拥有一个主导产业；当集团主导产业进入成熟期或衰退期时，集团能及时培育出新的主导产业。第二，集团公司产业生态系统中各产业单元能够形成相互关联，持续提升集团的综合核心竞争力。第三，集团公司产业生态系统中至少拥有一个产业单元具有广阔的发展空间以及较快的增长速度。第四，集团公司产业生态系统中的产业单元应包括经济周期性较强与经济周期性较弱的产业，既能享受宏观经济增长带来的发展红利，也能有效化解宏观经济波动带来的风险，保持集团持续、平稳、健康发展。集团公司在成长过程中首先应培养出第一个主导产业,以此来完成自身资源与能力的积累;然后发展与主导产业有关联的产业(含平台产业),然后发展与主导产业无关联的产业。通过该过程,逐步建成集团公司完善的产业生态系统。依据集团产业单元构成的变化,本书将集团成长分为主导产业培育、主导产业关联发展、主导产业非关联发展三个阶段(见图5-4)。

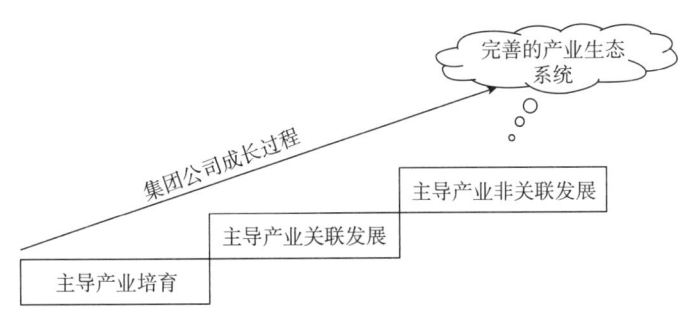

图5-4 基于产业生态视角的集团公司成长过程示意图

第一阶段:主导产业培育。该阶段是指集团在获得资源初始积累后,选择和培育一个市场规模大、竞争力强的产业单元成为主导产业。该阶段的产业组合特点是:单一产业或多个产业单元,强调其他产业单元为主导产业提供支持。资源能力特点是:完成资源初始积累,形成集团基础力,使集团整体实力得到明显增强。集团的主要发展目标是培育出集团第一个主导产业。

第二阶段:主导产业关联发展。该阶段是指集团在拥有一个市场规模大、竞争力强的主导产业后,力求逐步培育出与主导产业有关联的压舱石与放大器产业单元,形成具有一定适应环境能力的产业生态系统。该阶段的产业组合特点是:存在多个产业单元,有一个或多个主导产业,而且产业单元均与主导产业存在关联性。资源能力特点是:核心竞争力得到利用与强化,形成更加综合、更加持久的核心竞争力。集团的主要发展目标是利用主导产业构建相对较为完善的集团产业生态系统。

第三阶段:主导产业非关联发展。该阶段是指集团公司通过发展与主导产业无关联的蓝宝石产业与稳定器产业来完善集团公司产业生态系统。该阶段的产业组合特点是:集团已拥有一个或多个主导产业,已形成一个或多个平台产业;除拥有压舱石与放大器产业外，集团已进入蓝宝石和稳定器产业。资源能力特点是：集团已形成较强的动态能力，并根据内外部环境变化而不断完善。集团的主要发展目标是完善产业生态系统，增强适应外部环境变化的能力。各阶段的特点见表5-1。

表5-1 基于产业生态视角的集团成长各阶段的特点

成长阶段	产业组合特点	资源能力特点	主要发展目标
主导产业培育	拥有单一产业或多个产业单元；强调所有产业为主导产业发展提供支持	完成资源初始积累，形成集团核心竞争力，整体实力大大增强	培育出集团第一个主导产业
主导产业关联发展	拥有多个产业单元；包括主导产业、平台产业、压舱石与放大器；产业单元均与主导产业存在关联性	核心竞争力得到利用与强化，形成更加综合、更加持久的核心竞争力	构建出具有一定环境适应能力的集团产业生态系统
主导产业非关联发展	拥有多个产业单元；包括主导产业、平台产业、压舱石、放大器、蓝宝石、稳定器产业单元	集团已形成较强的动态能力，并根据内外部环境变化而不断完善	完善集团产业生态，进一步提高集团适应环境变化的能力

集团公司经历过上述三个阶段后，将形成完善的集团产业生态系统。集团公司形成完善的产业生态系统后，与外界进行有序的物质、能量和信息交换；通过发挥自组织和自稳定功能，不断地进行自我优化，以持续适应动态变化的外部环境。

2. 集团公司产业组合战略的类型划分

（1）产业组合战略的概念辨析。现代汉语字典中"组合"有以下三种含义："组织成为整体""组织起来的整体""由 M 个不同的元素中取出 N 个并成一组，不论次序，其中每组所含成分至少有一个不停，所得到的结果叫作由 M 中取出 N 个的组合"。所谓业务组合，一般是指组成企业的业务集合。而业务是指具有独立外部需求市场且供应技术相近的一组经营活动。从决策的观点来看，公司业务的根本性问题是筹划与引导以优化方式完成转换过程以实现目标。战略问题就是决定公司现在做什么业务，将来准备涉足哪些业务。业务组合属于公司战略的重要内容。安索夫等学者认为，企业战略推进过程可用两种相关的战略类型描述：

一种是战略性组合战略,另一种是竞争战略。组合战略回答"企业应该从事什么样的业务",而竞争战略回答"如何在每个业务领域内取得成功"。企业是不同的战略业务领域的组合,每一个领域都提供不同的未来发展与收益机会,且需要不同的竞争方式。哈里·马科维茨(1952)认为,每个公司的经营存在系统性风险和非系统性风险。不同产业的产品特点不同,产品所处的生命周期及市场需求弹性不同,产业内的经营特点和财务特点不同,不同产业特有的风险也不同。投资者可通过不同产业的组合投资将这一部分特有风险分散。根据产品生命周期理论,任何产品都有一个在市场存在的周期。因此,任何企业要长久地生存下去,就必须发展产品组合。产品组合是指由处于不同产品生命周期的产品构成的集合。在产品组合经营过程中,企业对各类产品区别对待。产品处于不同的生命阶段,对企业的贡献以及对资金和人才等的需求也不同。企业应进行差异化的定位与管理。企业成长的过程也是对其经营产品不断扬弃的过程。

已有文献从产品生命周期、业务组合规划、资产组合理论等视角研究企业的组合战略,体现了企业追求可持续成长的思想。概念是主体根据自身需要,从对象物的多种属性中选取某种属性,与其他被认为具有同样属性的对象物进行归类操作的观念性工具(吴汉民,1999)。因此,要廓清集团产业组合战略的概念,最重要的是抽象出最本质的属性,而这个属性就是集团产业组合战略的内涵。通过前面的分析,本书认为,集团产业组合战略是指集团公司在特定的外部环境与内部条件下,进行产业单元选择与组合的战略行为,其目的是让集团实现财务可持续、业务可持续以及非财务非业务可持续。

(2)产业组合战略的类型划分。对集团产业组合战略概念进行解构,本书借用自然科学上的概念——维度。通过分析找到集团产业组合战略的本质属性维度,根据该维度可以对产业组合战略的类型进行划分。企业战略包括组织目标和实现这些目标所必需的政策或计划方式。安索夫等学者认为讨论战略问题首先应考虑企业的整体定位特征。德鲁克与列维特将这一步骤描述成"企业目前在什么行业,将来该在什么行业"的决策;他们在描述该概念时,运用了以下决策规则:一是确立了企业的业绩标准,讨论的是企业的目标问题。二是界定了企业产品与市场的最佳特征,涉及企业的产品—市场战略。上述规则存在着手段与目的的关系:目的决定了目标,战略规定了通往目标的路径。本书尝试从产业组合的目的与产业组合的方式两个维度去分析集团产业组合战略的本质。产业生态视角的集团成长阶段反映了集团公司产业组合在各阶段的目的以及不同的产业组合方式。本书将集团公司产业组合战略分为主导产业培育战略、主导产业关联组合战略、主导产业非关联组合战略。其中，主导产业培育战略是指集团公司选择某一产业单元培育成市场规模大且竞争力强、内部收入与利润贡献大且带动作用强的产业单元，并在此过程中形成集团基础能力的产业组合战略。主导产业关联组合战略是指集团公司依托积累的资源与形成的核心能力，选择发展与主导产业有关联的产业单元，并进一步强化集团核心能力的产业组合战略。主导产业非关联组合战略是指集团公司依托已形成的动态能力，发展与主导产业无关联的产业单元，以提高集团公司适应外界环境能力的产业组合战略。

（二）集团产业组合战略的实施途径

集团公司需按照各产业组合战略的实施途径组织实施。因此，下面主要分析主导产业关联组合战略、主导产业非关联组合战略的实施途径。

1. 主导产业关联组合战略的实施途径

主导产业关联组合战略包括发展放大器产业与发展压舱石产业两种子战略。放大器产业发展战略的目标包含两层含义：一是利用集团主导产业的优势，培育更多市场规模大、竞争力强的主导产业，提升集团综合实力与竞争力；二是进一步发展壮大主导产业，提升主导产业的核心竞争力。该战略适用条件如下：其一，集团主导产业已形成。裘晓东、祁俊云（2012）认为，具有相当优势的主营业务是集团生存基础和发展保证，也是多元化增长的基本前提。其二，放大器产业单元具有较好的发展前景，或者对主导产业的进一步发展具有较大支持作用。压舱石产业发展战略的目标是利用主导产业的资源与能力发展非周期性的产业单元，既能帮助集团应对宏观经济波动带来的风险，又能通过发展与主导相关联产业壮大集团实力，支持主导产业提升核心竞争力。该战略的适用条件如下：当集团主导产业为经济周期性较强的产业时，集团需要且应优先发展压舱石产业。当集团主导产业为经济周期性较弱的产业时，集团根据资源富足情况与主导产业发展需要决定是否有必要发展压舱石产业。

（1）实施途径。

其一，纵向一体化带动。纵向一体化带动是指集团通过自建或者购并方式，发展与主导产业具有上下游关系的产业。集团通过纵向一体化带动，不仅可为集团公司节省交易费用、降低经营成本,稳定供求,规避价格波动,而且可形成强大的产业链整合能力。比如,三星集团不仅生产手机、电视、洗衣机等终端产品,还是提供处理器、内存、面板等一系列核心零部件。三星在垂直产业链的整合能力全球领先,凭借在芯片、内存、屏幕等多个关键技术及部件的自有优势,使三星在终端产品的研发、供货、质量和价格方面都拥有极大的优势。

其二,资源共享型带动。资源共享型带动是指集团各产业单元凭借在资源投入、生产技术、分销渠道或客户等方面与主导产业存在资源共享而进行自我发展。随着存在协同和共享关系行业的增加,集团内部各种资源和能力,尤其是核心专长的范围经济效益和规模经济效益增加。西方企业的实践表明,共享型相关多元化是经济效益较高的多元化战略选择,其主要的优势是:多种活动的共享有可能带来范围和规模经济效益;核心专长的传递和提升;增强市场竞争力和牵制力。因此,充分利用主导产业的资源与能力,是集团扩张的一种重要战略途径。集团的主导产业所拥有的资源与能力是共享型带动的核心。集团资源的数量与质量最终决定了其带动其他产业发展的范围与速度。

其三,混合多元化带动。集团可同时综合运用纵向一体化与资源共享型带动两种途径来发展产业。此时对集团的管理能力提出更高的要求。比如,海尔集团在发展过程中,利用白色家电这一主导产业,纵向一体化带动物流、零售产业的发展,同时通过资源共享型带动黑色家电、米色家电等产业的发展。

(2)战略手段。集团实施一体化战略进入新的经营领域,或者实施多元化战略进入新的行业,既可以通过投资新建,也可以通过并购来实现。该战略的实现可通过内部发展、并购以及战略联盟来实现。

手段一:内部发展。内部发展是指集团通过主导产业带动发展,以自行投资、自建的方式进入新产业。集团对新进入的产业拥有完全的控制权,可按照自己的意愿来管理与实施产业组合管理,基本不受环境和外部实体的制约。内部发展有助于新产业单元与现有产业单元之间的协调与配合。内部发展尤其适用于对集团隐性知识在不同产业单元间的转移与利用。

手段二:并购。并购是兼并与收购的合称。并购的优势是扩张的速度快,而且并购的成本甚至可能低于内部发展的成本,尤其是大型集团进入某一非常专业的产业领域。通过并购与兼并,集团可以较为迅速地改善自己的资源与能力组合,帮助集团在进入新产业单元过程中跨越某些市场的进入壁垒。

手段三：战略联盟。战略联盟是指集团为获取某种战略性资源、特殊的组织技能或重要的发展机遇而对外进行合作。战略联盟存在于一个和多个行业的企业之间，是集团间为实现各自的战略目标形成的一种合作关系。战略联盟的建立，一方面可提高本集团资源的使用效率，减少沉没成本；另一方面又可节约集团在可获得资源方面的新投入，降低转置成本，从而降低企业的进入和退出壁垒，提高集团战略调整的灵活性。

（3）风险与防范。集团公司发展放大器产业，主要存在以下风险：针对纵向一体化带动战略途径的实施。当外部市场有效性高的时候，纵向一体化带动表现出以下不足：一是高度的纵向配套会牺牲价值链上各种活动的规模经济，承受更高的单位产品成本；二是增加了代理成本与控制成本；三是无论是全部内部配套还是部分内部配套，纵向一体化带动的经营风险相对比较高。实施纵向多元化能否给企业带来收益和优势，取决于集团所处的行业、市场以及集团企业所采取战略的特点。针对资源共享型带动战略途径的实施。

为防范以上风险，集团公司发展放大器产业应做到以下几点：一是遵循适度原则。通过主导产业带动发展多个产业，能够提高组合效益，但也要付出额外的成本，包括学习、分散资源等方面的成本。二是遵循适速原则。主导带动战略的成功还取决于实施这种战略的节奏是否合理。集团是否在主导产业培育过程中积累了足够的资金、知识和人才来发展被带动产业，很大程度上决定了主导带动战略的成败。因此，实施该战略的节奏应与资金、知识、人才的准备节奏相一致。三是遵循前瞻性原则。主导带动战略的成功很大程度上取决于带动产业选择的合理性和战略实施的持续性，而这需要集团公司具有前瞻性的眼光，选择带动产业单元应具有广阔的发展空间、持久的增长速度、抗经济周期性等特征，以及应与主导产业或其他产业单元形成关联。压舱石产业发展战略的风险主要在于所选择的经济周期性较弱的产业缺乏发展空间，难以做大，起不到应有的抗周期风险作用。

2. 主导产业非关联组合战略的实施途径

主导产业非关联组合战略包括发展蓝宝石产业与发展稳定器石产业两种子战略。

（1）蓝宝石产业发展战略目标。蓝宝石产业发展战略的目标是抓住外部重大机遇，发展与主导产业无关联的产业，为集团培育新的增长点、发展新一代主导产业奠定基础。其适用条件包括：一是集团在培育主导产业的过程中积累了足够多的资源。实施多元化战略的集团必须拥有充足的资源和实力,并在一个领域中已占有稳固的地位,足够支撑集团在新的发展领域时所需要的资源。二是集团主导产业已进入或即将进入成熟期,集团需要培育新的主导产业。

(2) 稳定器产业发展战略标。稳定器产业发展战略的目标是利用集团富余的资源与能力发展经济周期性较弱的产业单元,为集团应对宏观经济波动带来的风险发挥一定作用;该战略的适用条件是当主导产业为经济周期性较强的产业且集团资源非常充足时,集团可选择发展稳定器产业。蓝宝石与稳定器产业发展战略途径主要有单一产业培育与纵向一体化培育两种途径。具体详见本书有关主导产业培育的战略途径内容。蓝宝石产业发展战略的手段也是内部发展、并购及合作联盟,具体详见放大器产业发展战略手段。

(3) 蓝宝石产业发展战略存在的风险。蓝宝石产业发展战略存在以下风险:①资源配置过于分散,影响主导产业发展。任何集团所拥有的资源都是有限的。产业单元的增加会导致集团将有限的资源分散于不同的产业单元之间,而使需重点发展的产业(尤其主导产业)所需资源难以得到充分保障,有时甚至使得产业单元维持发展所需的最低投资要求难以得到满足,这显然会增大集团进行多产业经营失败的风险。②跨产业经营的运作费用大。其一,跨产业经营的学习费用较高,即集团从一个熟悉的经营领域进入一个陌生领域,需要一个学习的过程。由陌生到熟悉的机会损失将构成较高的学习费用。比如,大连万达集团在发展商业地产的过程中,早期经过数年的艰苦探索,经历过不少的失败,最后才总结出一套成熟的发展模式而获得成功。其二,多元化发展让顾客认识集团在新领域的成本较大。③人才资源难以支撑。集团在实施多产业经营时,必须有多元化领域内相应经营管理和技术等方面专业人才的支撑,跨产业发展才更易成功。比如,五粮液集团发展多元化产业,未能取得良好成效的主要原因之一就是缺乏相应的多元产业领军人物。④进入新产业的时机选择难以把握。只有当主导产业的行业地位非常稳固,具备良好的核心专长,并有剩余资源寻求更大投资收益时才予以考虑。

(4) 蓝宝石产业发展战略风险防范。为防范以上风险,集团公司应努力做到以下几点:第一,应充分利用集团已有的资源与能力,新发展的产业单元应尽量与集团核心资源、核心能力相匹配。第二,集团应注意控制蓝宝石类产业单元的数量,对资源进行集中分配,着力培育多个竞争力强的产业单元,避免陷入产业单元数量多而不强的境况。第三,应选择发展前景广阔同时也能够贡献现金流的蓝宝石类产业单元，减轻集团的资金压力。

（5）稳定器产业发展战略存在的风险。稳定器产业发展战略的风险主要在于集团因缺乏足够资源投入，所选择的经济周期性较弱的产业难以发展起来，起不到应有的抗经济周期风险的作用。

（6）稳定器产业发展战略风险的防范。为防范上述风险，集团公司在选择稳定器产业单元时，应充分考虑其发展的必要性。一旦进入稳定器产业，集团应保证足够的资源与精力投入，以发挥其存在的作用。

二、产业组合战略演进规律分析

（一）集团能力演进的规律

1. 一般企业成长过程的能力演进

根据熊彼特的观点，竞争的本质是一个动态过程。企业要获得生存与发展，须应对外部竞争压力，通过创新谋求竞争优势。基于该角度，"竞争—创新—成长"可视为企业成长的外部机制。根据彭罗斯的观点，企业存在的未利用资源造成企业内部的不均衡，从而促进企业成长；"未利用资源—自我创新—自我成长"是企业的内在成长机制。从企业管理实践来看，在企业成长过程中，外部成长机制与内部成长机制共同在起作用。企业要在日益激烈的市场竞争中获得持续成长，最终需依靠内部的资源与能力。企业能力理论强调企业内部的能力、资源以及知识积累是企业持续成长的关键。企业成长的过程，既有"量"的增长，即规模的扩张，也有"质"的提升，即企业能力的增长。

科利斯（Collis，1994）最早提出组织能力阶层观点，将组织能力分为以下三类：一类是指企业开展生产规划、物流配送和产品营销等基本职能活动的能力；二类是指带有过程性质的企业动态提升各项业务活动的能力；三类是企业认知和开发自身潜能，早于竞争对手制定开发策略并加以执行。温特（Winter，2003）将组织能力分为零阶能力、一阶能力、二阶能力（其中零阶能力是保证企业在市场上求生存的基本能力，一阶能力是企业应对变化的适应能力，二阶能力是创造新能力的能力）。王（Wang，2007）和艾哈迈德（Ahmed，2007）将企业能力分为四类：零阶能力指企业所拥有的资源基础构成，一阶能力指企业生存技能,二阶能力指与竞争优势直接相关的核心能力,三阶能力指组织更新能力、重构能力、再造能力、环境适应能力等。

国内学者刘泳、陈荣耀(2001)通过分析持续成长型企业发现,企业内在能力发展具有依次递进发展规律,即"基本能力形成—系统能力完善—核心能力培育和形成—核心能力强化和更新"。郭斌(2003)指出,企业的能力系统是由众多能力要素组成,在不同的发展阶段会出现相应的主导能力。从企业发展阶段来看,能力的层次演进也就是企业成长的过程。在成长的不同阶段,企业对能力的需求不尽相同。由于战略定位的差异性,企业需根据内部资源和外部环境来发展相应能力。在企业外部环境变化不大的情况下,积累、保持、运用核心能力是企业生存和发展的根本性战略。赵永杰(2010)基于对丰田汽车公司组织能力层阶与特征的划分,将丰田公司组织能力演化过程分为静态能力(制造能力)主导期、改进能力(应对变化的适应能力)主导期、演进能力(创造新能力的能力)主导期三个阶段。赵丽娟(2011)强调,企业持续成长实际上是产品与能力两个要素共同的演化过程;产品演化是企业持续成长的外显,能力提升是企业内涵素质的提高。

2. 集团公司成长过程的能力演进分析

正如林梅和蓝海林(2006)所指出,中国企业集团的发展历史只有30多年,基础组织能力的培养是首要任务,包括清晰的组织结构和规范的治理结构、完善的组织程序和规章制度等;如果集团公司缺乏管理大型多层次企业群体的相关知识和技能,不能及时建立有效的组织决策和实施系统,就难以对庞大的企业群体和广泛的市场进行管理、协调和控制,也很难发挥母子公司及子公司之间的协同作用。集团公司具有核心能力后,意味着其具有大量开发新产品或新市场的潜力,若其产业发展仅限于某一特定领域却不能创造范围经济,将是资源的浪费。为提高核心能力的利用效率,集团公司应适时发展与主导产业相关联的产业,开拓新的经营领域,充分发挥核心能力的作用,实现最佳的范围经济并获得更多收益。

进入信息时代后,竞争速度越来越快,竞争优势的可保持性越来越低。环境迫使企业对能力存量不断进行质的改变、重新搭建能力结构和寻求能力配置新方式。到了动态能力阶段,集团不再局限于利用能力,而是构造能力。"利用能力"指集团运用现有能力抓住新的市场机会,但并不引起资产或能力质的变化;"构造能力"指集团现有能力存量发生质变的过程。动态能力应是集团在组织能力较为成熟的情况下的努力目标。如果缺乏相应的动态能力，集团公司难以对外部环境变化做出及时和适当的反应，不利于集团抓住外部机遇与应对挑战，影响集团的持续稳定发展。Teece、Pisano 和 Shuen（1997）认为，动态能力是指适应、整合、重构企业的内外部资源、知识和功能，能适应快速变化环境的能力。动态能力更多强调企业应随外部环境变化而做出适应性调整。动态能力既改变了核心能力采取单一的资源、技术和知识组合方式的状态，也改变了单一的核心竞争力的状态。黄培伦、尚航标、李海峰（2009）将组织能力分为静态能力和动态能力。静态能力指组织能力在具体时间点上的表现，是基于资源基础观的独特的、难以复制的核心能力，是企业赢得短期竞争优势的来源。动态能力是指企业为适应环境变化，感受到威胁和机会的能力、抓住机会的能力，以及通过提高、整合、保护、重新配置企业无形资源和有形资源来获取持续竞争优势的能力。

总之，集团公司能力是静态能力与动态能力的统一，在不同发展阶段，其主导作用的能力不同。综合已有研究成果，本书认为集团在完成初始资源积累后，已形成基础能力。因此，应首先进行核心能力培育，然后利用核心能力进行扩张，并进一步强化核心能力。在此基础上，为适应动态环境变化，集团不断培育自身的动态能力，运用动态能力来构建完善的产业生态系统，实现可持续成长。因此，集团公司的能力演进过程可概括为"基础能力导向—核心能力导向—动态能力导向"。

(二) 集团产业组合战略演进规律

1. 总体分析框架

我国集团公司的多元化战略经历了机会驱动与战略主导两个阶段。随着国际化竞争激烈程度不断加剧，新技术对企业发展环境产生极其深刻变化，集团公司理应有更理性的战略主导。集团公司对企业本质、产业规律、经营理念等需要重新认识。追求利润不应是多元化经营的唯一原因。多元化战略的实施需要对不同类型、不同地区、处于价值链不同位置的资源进行整合，而这种整合需要集团公司具备相应的战略规划和管理协调能力。集团内外部市场诸多要素的制度性缺失引致的潜在风险。集团公司渐进式推进多元化是这种能力的学习培育过程。超出能力范围的扩张将导致集团公司多元化战略的失败。因此，集团公司能力演进与产业组合战略演进的关系密切。根据蓝海林等（2006）的研究，转型经济时期中国企业集团的战略认识、能力和战略选择主要经历了一个从没有战略认识、具有初步的战略认识到形成战略理念的过程。中国企业集团实施多元化战略具有一定的机会导向特征,具有清晰战略意图导向的企业还不够多。在清晰的战略意图指引下,能力的全面发展是中国企业集团未来追赶西方跨国公司的关键,突破组织能力对战略执行的"瓶颈"是企业集团提升竞争力的当务之急。企业集团组织能力的培育较多地通过规模的扩张来实现。基于集团公司能力演进的分析,可发现集团能力的演进推动着集团产业组合战略的演进,从而促进集团不断成长。基于文献研究与探索性案例分析,本书提出如图 5-5 所示的集团产业组合战略演进规律模型。在图 5-5 中,集团公司能力呈现"基础能力—核心能力—动态能力"的演进路径;集团产业组合战略呈现"主导产业培育—主导产业关联组合—主导产业非关联组合"的演进路径;故本书将该模型称为集团产业组合战略演进规律的"双演进"模型。

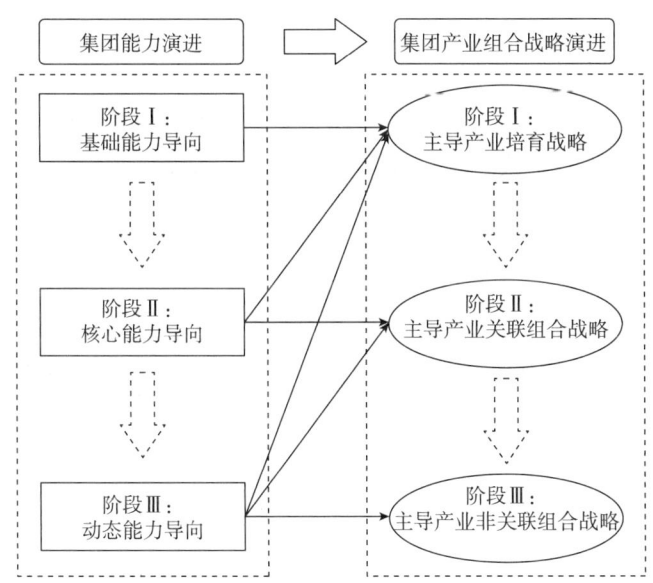

图 5-5 集团产业组合战略演进规律的"双演进"模型示意图

注:实线箭头表示"集团能力决定集团战略"的逻辑关系;虚线箭头表示时间先后顺序。

集团能力在各阶段表现形式虽然不同,但其促进集团成长的根本作用并未发生变化。随着集团公司能力的演进,集团产业组合战略也随之发生变化,即从主导产业培育战略转变为主导产业关联组合战略,然后进入主导产业非关联组合战略。随着集团能力的演进,集团公司产业组合战略也不断演进。当集团公司处于基础组织能力形成阶段时,集团公司集中资源与精力培育主导产业,力争尽快培育出集团公司第一个主导产业。集团公司之间竞争的实质就是集团为了生存和发展进行的对环境中企业所需资源的争夺。这种争夺资源的能力决定了集团竞争的胜负。核心竞争力理论从对企业短期性资源优化配置能力的研究,延伸到对企业长期性资源优化配置能力的研究。集团公司要实现可持续的生存和发展,就必须拥有核心能力。当集团处于核心能力培育与强化阶段时,集团公司应发挥已形成的集团组织能力,应发展主导产业以及与主导产业相关联的压舱石、放大器以及平台产业。当集团公司在发展中构建出较强的动态能力后,进入主导产业非关联组合发展阶段,开始发展与主导产业无关联的蓝宝石与稳定器产业,从而逐渐形成更加完善的产业生态系统。

2. 集团产业组合战略演进规律的主要命题

命题1:当集团能力处于基础能力导向阶段时,集团应选择主导产业培育战略。

苏敬勤、崔淼(2011)整合了现有的外部环境和组织内部两种研究视角,构建了环境不确定性和组织能力基础的内外部综合分析框架,探讨企业业务调整的选择机理;企业的资金及技术和管理能力是企业业务调整的支撑条件,同时也约束了业务调整的深度和广度。基础能力主要是指企业的能力和资源,包括技术能力、管理能力、资金、人才和设备等。其中,人才可内化为企业的技术能力和管理能力。因此,集团的基础能力可以用技术能力、管理能力和资金三个维度来表征。企业资源的获得是一个过程,企业拥有或控制的要素存量是竞争优势的基础。企业所拥有资源的异质性和动态特征共同推动着企业的持续成长。集团公司实现成长的关键是企业资源异质性的积累而产生垄断性优势。集团公司通过基础能力的运用,获得比竞争对手具有更加独特的资源,集团能够获得持续成长。企业资源论将企业的竞争优势等同于企业的资源优势。由于资源尤其是物质资源可交易性或可转让性,建立在资源之上的企业异质性很难长久。隐藏在资源背后的企业配置、整合、开发和利用资源的能力才是企业保持持续成长的关键。正如韩朝华(1999)所指出,与小企业不同,大企业经营的是整个行业或市场,只要存在需求,行业就不会消失。中国企业集团的发展需要逐步培养长远的产业洞察力和判断力,在主导产业发展的层次上获取和培育核心资源和核心资产,加强技术研发能力的积累、人才、品牌的培育以及市场网络的布局,改善公司治理机制和内部管理。由此培养出的组织能力才有坚实的基础,从而有助于企业集团整合资源。

根据马浩(2010)的观点,以获取和以占有为基础的竞争优势,要求企业积极主动而又系统地积聚有价值的资源、占据市场中的强势位置。以获取为基础的竞争优势是指一个企业能在优先和优惠条件下,接触到要素市场或产品市场,获取资源或顾客,从而能比对手更好地为顾客提供产品和服务。集团公司能力培育需要建立在丰厚坚实的资源基础上。集团公司在培育主导产业的过程中,不断积累资源,提升基础能力。由于集团主导产业具有成长性、竞争力、支撑性与带动性,其与集团公司的核心竞争力关系十分密切。因此,集团公司通过培植主导产业,能够在某些产业领域获得领先的竞争地位,可建立以获取为基础的竞争优势。因此,当集团能力特征是基础能力导向时,集团应选择主导产业培育战略。通过培育主导产业来迅速集聚资源,培育自身核心能力。

命题2:当集团能力处于核心能力导向阶段时,集团可选择主导产业关联组合战略以及主导产业培育战略。

普拉哈拉德和哈默(Prahalad and Hamel,1990)认为,公司除了根据业务组合还应根据能力组合考虑自己的战略;企业在本质上是一个能力体系;"核心竞争力是组织中的积累性学识。"集团公司核心能力是集团将一系列独特资源转化为"占领市场、获取长期利润的作用力"。普拉哈拉德和哈默指出,决定企业竞争优势的能力是组织的积累性常识以及对不同生产技能技术和不同技术流进行协调和有机组合的学识,并将这些能力称为"企业核心能力"。Allee将这种核心能力区别为核心知识能力和核心运作能力,其中,核心知识能力是企业具有的独一无二的专长、知识和技术知识,核心运作能力是使企业能高效率生产高质量的产品和服务的过程和功能。集团公司形成核心能力后,就可在某一领域建立起与众不同的竞争优势,并通过技术与管理创新,将核心技术或资源扩散到不同产业中。在此阶段,集团公司开展多元化经营,其成功的关键之处是以核心能力为前提对主导产业发展进行强化,发展与主导产业有关联的产业。集团公司核心竞争力是在长期的经营实践中逐步积累形成的,作为支撑集团长期发展的主动力,具有较强的稳定性。从集团外部环境来看,市场竞争环境的变化客观上会逐步淘汰那些缺乏以核心竞争力为基础的集团产业单元。在高度竞争的环境中,集团实现多产业经营后,必须在新进入领域凭借核心竞争力迅速确立自身的相对竞争优势。否则,若与竞争对手相比无独特的竞争优势,不仅该产业单元难以获得发展,还会影响集团主业的发展。从集团内部条件来看,集团公司内部条件的限制主观上决定了集团必须通过核心竞争力的利用来实现对知识、技能等无形资源的共享,以此来提升对原材料、设备等有形资源的利用效率。在集团能力有限的情况下,发展与主导产业无关联的产业单元,会让集团资源过于分散,难以在新进入产业单元建立竞争优势,达不到构建产业生态系统的目的。

集团公司开展多产业经营是集团规模扩张、追求规模经济与范围经济的必然选择。中国企业集团在发展过程中,从核心业务领域向相关或不相关领域延伸几乎也是大多数企业集团发展史上的重要经历。鲁梅尔特、波特等的研究都证明:一般情况下相关多元化企业的业绩要好于非相关多元化的企业。当产业单元之间存在战略资产的相关性时,集团能够比竞争对手更为迅速和低成本地创立与积累新的战略性资产。通过发展与主导产业相关联的压舱石产业与放大器产业,集团可将主导产业培育过程中积累的核心技术或资源扩散到其他产业中。利用集团核心竞争力可帮助集团克服新进入产业领域的进入障碍,以更低成本建立新产业单元领域内的关键战略资产。综上,在核心能力强化阶段,集团应着力继续发展主导产业,同时发展与主导产业有关联的压舱石、放大器产业以及根据集团发展需要培育平台产业。

命题3:当集团能力处于动态能力导向阶段时,集团可选择主导产业培育、主导产业关联组合、主导产业非关联组合战略。

核心竞争力理论强调企业是能力的集合体,能力决定企业的发展方向。核心竞争力理论倡导核心竞争力的识别、培育、扩散与应用是企业核心竞争力管理的关键环节。企业可通过长期的学习、积累形成核心竞争力,也可通过兼并其他企业来获取。从长期来看,内部积累一般是获得难以模仿或难以替代的资产的最主要来源。随着技术进步与全球化竞争的出现,集团面临的外部环境日益复杂多变。集团公司在培育出主导产业后,往往表现出刚性特征,即集团核心能力一旦形成,往往难以随着快速变化的环境进行改变;此时原有的核心能力不仅难以为集团带来持续竞争优势,反而会成为集团获取新发展机会、应对激烈竞争的阻碍。集团所具有的核心能力是一种相对静态的能力,也具有阶段性。动态能力是一种促使集团获得持续竞争优势的动态能力。集团公司通过构建和运用动态能力，可以根据新的环境塑造出新的核心能力，进而实现可持续发展。因此，动态能力才是集团构建产业生态、实现可持续发展的根本动力。根据文献研究，动态能力可概括为环境感知能力、组织学习能力、整合重置能力以及创新变革能力四个维度，上述四个维度相互联系、相互作用、互相促进，共同构成集团的动态能力系统。

首先，环境感知能力及时洞察外部环境变化，具体包括宏观经济环境、区域环境、产业环境、微观市场环境。在环境感知的过程中，集团公司应敏锐发现是否存在适合自身发展的蓝宝石产业、稳定器产业，以及评估环境对集团主导产业、平台产业以及压舱石与放大器产业所带来的机遇与挑战。其次，集团根据对外部环境的判断，结合内部条件的分析，决定发展哪些类型产业、以何种途径去发展以及如何优化调整已有的产业单元。在此过程中，集团公司需要用到组织学习能力、整合重置能力、创新变革能力。由于蓝宝石产业、稳定器产业与主导产业无关联，集团进入这些产业单元，必须要学习和掌握新的知识与技能，获取新的资源。在此过程中，集团需要进行组织学习，弥补自身知识与能力的不足；然后进行内外部的资源整合重置，甚至进行集团战略与组织等的变革创新，以此来推动集团产业生态构建。动态能力蕴含在组织与管理过程与企业适应环境动态变化的过程之中（Eisenhardt & Martin, 2000）。动态能力的四个维度形成一个良性循环，持续地促进集团获得并维持竞争优势，进行产业生态系统的自我调整、自我优化。因此当集团能力特征为动态能力导向时，集团可选择主导产业培育、主导产业关联组合、主导产业非关联组合战略。

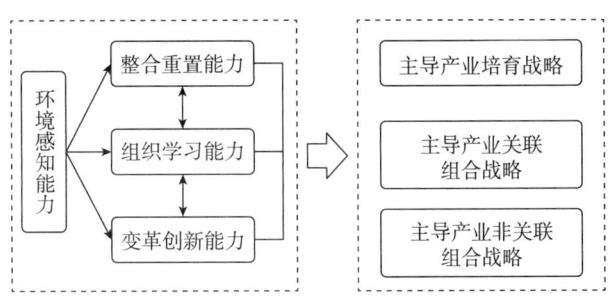

图 5-6 动态能力导向的集团公司产业组合战略选择框架示意图

三、产业组合战略演进动力分析

(一)产业组合战略演进的动力基础

1. 集团总部应拥有比较丰富的资源

集团总部有各种职能部门和中央资产以支持各产业单元创造价值的活动。此外,集团总部拥有一些专业人才。高特(M. Gort, 1962)认为,多元化作为一种反周期现象,在很大程度上依赖于企业多元化进入的产业的稳定性。由于产业需求的峰谷一般都不完全一致,平均来看,多元化产品的任意选择都将减小销售的波动幅度。但企业在一个稳定的产业基础上进入周期波动剧烈的产业,可能会使其总销售额变得不稳定。高特的研究显示,企业并没有系统地选择更加稳定的产业作为其多元化的方向,公司多元化很大程度上是进入那些技术变化迅速、高速成长的产业。高速成长的产业能给企业的未来发展带来利润增长的潜力。而这些企业通常需要大量的资金和较高的专业化管理和技术技能,它成为新企业进入的障碍。因此,大企业更容易组织资金且具备管理和技术能力进入这些行业。与中小企业相比,集团公司更加容易在多元化经营中形成资源集聚优势。集团总部的资源未能充分利用,这些资源包括资金、技术、人力等有形资源以及信誉、信息、渠道等无形资源。集团公司构建产业生态系统需要充分发挥集团内部优势。

2. 集团总部应拥有发现价值的洞察力

集团发展的基础在于资源的优化配置。集团总部的工作是为投资者创造价值,而具体的总部优势能够保证集团价值最大化,保证投资者的利益。一般来说,集团总部对如何建立和管理自己的产业组合有自己的标准。这些标准往往反映了集团总部对自身特点的认知。集团总部应对与自己特点匹配的产业单元有清晰的判断力,一旦选择了这些产业,就应围绕着主业建立相应的产业组合。集团总部要构建集团产业生态系统,需要具有以下特征:能够在与各个行业的母公司机会的匹配方面创造价值。它不仅关注各种相关的机会,而且对如何利用这些机会创造价值有特殊洞察力。比如,关注特别重要的机会而创造价值;关注其他公司尚未发现的机会创造价值;对于某些改良或者改进的机会有自身的独特理解并及时参与。集团总部不仅应将自身定义为决定资源在行业组合中的分配和为二级公司管理者提供一些参谋意见,而应以更加集中、具体的方式确定自己的角色。集团总部集中于能创造最大价值的产业单元,并及时回避那些与自身优势不匹配的产业,以免造成价值的破坏。集团总部应拥有特殊的能力定义自己的产业单元:对产业单元发展拥有独特的认识和判断,对产业关键成功因素有深刻的认识。唯有如此,集团方能科学、有效地构建集团产业生态系统。

(二) 产业组合战略演进的动力培育

1. 培育角度的选择

自从Teece、Pisano和Shuen(1994)第一次将"动态"的观点引入企业能力研究领域之后,不同学者从各自研究目的和视角出发对动态能力的概念进行了界定。本书将集团动态能力的维度界定为:集团通过组织学习和知识创新来感知不断变化的内外环境,并据此进行资源能力的整合与重置、组织战略与结构的变革与创新,从而支撑集团适应环境变化的整体能力。具体包括环境感知能力、组织学习能力、整合重置能力、创新变革能力四个维度。动态能力的本质更多与知识及其创新相关联。集团公司对内外环境变化的快速感知与集团内外部资源的整合重置以及变革创新都需要知识(包括显性知识和隐性知识)。Teece等分析企业动态能力分析框架时,将学习作为过程的组成部分。组织学习被认为是企业形成和发展动态能力的根本手段;从某种意义上讲,动态能力本身是一个动态学习的过程。林梅、蓝海林(2006)认为,培育组织能力需要的资源尤其是无法从外部市场获取的核心资源如专有技术、品牌、营销网络、人才等只能通过战略学习的方式逐渐积累;战略学习的过程会不断产生关于现有能力的评价,发现企业现有能力应对当前及未来环境变化所具有的长处与不足,从而促使企业有意识地调整产业组合或进行新的投资来加强某些方面的学习,促进能力的提高。

综上,学者们普遍将组织学习作为构建企业动态能力的重要途径,甚至认为动态能力的本质是组织学习。李大元(2008)强调,组织学习本质上就是企业对变化环境的适应过程,组织学习影响着组织对环境的适应能力。本书将从组织学习视角,为集团公司培育提升动态能力提出相应策略。

2. 具体培育策略

知识经济时代的发展以及信息技术的广泛深入应用,使学习已成为企业动态能力的重要组成部分。企业通过知识的集体学习,可统一人们的认知和行动。借鉴沈占波（2010）的研究，从组织学习的角度出发，集团在培育动态能力时应综合运用以下几项策略：文化变革、组织变革、制度变革以及技术变革（见图5-7）。

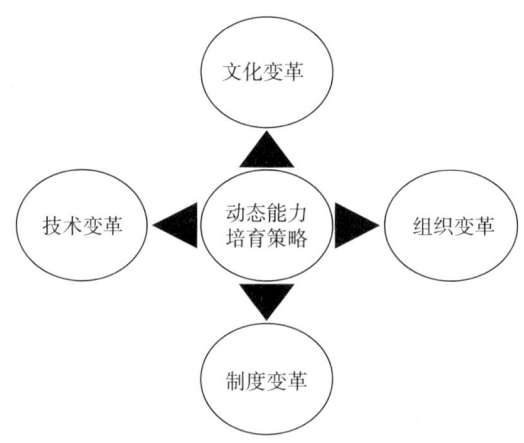

图5-7 集团公司动态能力培育策略示意图

（1）文化变革：动态能力培育的力量来源。文化变革是集团培育动态能力的动力来源。企业文化是一种价值观念，对企业无形资源能产生影响。企业文化会影响员工的价值观进而影响其行为模式，从而带动整个企业的进步。企业文化在企业动态能力的培育中处于统领地位，它深刻地影响着企业创新能力的发挥、企业制度的设计、资源的整合重置等。集团公司开展动态能力建设，首先应从文化层面进行变革，结合集团实际，塑造能促进集团根据外部环境、进行持续学习、自我革新的文化。

集团应注重组织的知识学习与积累，构建学习型组织。彼得·圣吉所提出的构建学习型组织的五项修炼方法，对集团公司构建学习型企业文化有着重要启示。集团公司要建成学习型组织，应从以下方面着手：一是自我超越。这是学习型组织的精神基础，强调组织内成员对个人成长的学习修炼。这种修炼是要培养组织中的个人不断追求自己终极目标的能力。二是改善心智模式。心智模式的修炼要求员工学会有效表达自己的观点和想法，并以开放心态容纳他人的意见。三是建立共同愿景。包括共同的目标、价值观和使命感。只有全体员工在心目中树立了渴望实现的目标,才会有自觉学习和追逐卓越的行动。四是团队学习。这是建立学习型组织的核心内容。通过团队学习,让员工对各自的想法进行自由交流,从而形成整体具有一起思考的能力。五是系统思考。系统思考将引导集团进行创新,用专注的行动来创造重大、持久的改善。六是加速学习。随着组织的不断变革,组织中的员工必须加速学习。学习型企业文化是一种鼓励个人学习和自我超越的企业文化,是一种旨在形成共同价值观、改善心智模式、培养系统思考能力的企业文化,是一种以学习力提升创新力进而增强企业竞争力的企业文化。通过学习型组织建设,集团公司可以形成良好的组织氛围,有利于产生创新性的思想、建设性冲突,从而利于集团动态能力的形成。企业的文化导向不同,其战略选择、组织架构、管理制度等都会存在很大差异。文化的变革有利于集团进行其他方面的变革。

(2)组织变革:动态能力培育的重要平台。组织变革是集团培育动态能力的平台。随着规模的扩大,集团纵向层级越来越多,各分子公司、职能部门之间的关系越来越复杂,组织结构容易表现出机械化特性。当集团的组织架构、运作流程、资源等需进行优化调整时,机械式的结构就会表现出刚性的特征,不利于集团动态能力的形成。为应对环境变化,集团不仅要及时调整战略,而且要构建与战略相适应的组织结构。从组织构架发展趋势来看,组织柔性化是集团组织创新的方向。传统的刚性组织和计划式组织重在改善现有管理模式,提高运作的效率。在该种组织模式下,组织学习的重心放在如何拓宽已有能力的使用范围和提高能力的运营绩效,而不是促进能力范式的转变来适应外部变化的环境,这不利于集团动态能力的培育。动态能力的构建和组织架构的柔性程度密切相关。集团公司对环境变化的感知越敏锐、反应越积极,组织的柔性就越强,集团动态能力就越容易构建与强化。柔性组织无论是在管理体制上,还是在机构的设置上都具有较大的灵活性。通过打破传统组织运行部门的界限,克服传统组织分工过细、沟通不畅、反应慢等不足。比如集团为实现某一特定目标,将各类人才、技术、设备等资源迅速聚集,组建临时团队,待任务完成后该团队自动解散。

当前,信息技术已渗透到企业经营管理的各个方面,对企业的价值观念、经营决策和行为方式等都产生了深远的影响。组织柔性的构建需以信息技术作支撑。运用信息技术,集团公司的组织变革应努力做到以下几点:一是扁平化。通过计算机管理信息系统的广泛运用,大大缩减信息处理和传输工作的中间管理层次，提高各级管理人员在决策中的作用。通过决策权的下放，提高应对市场变化的灵活性。二是虚拟化。集团可根据自身发展需要，借助计算机和信息网络整合外部资源，形成一个虚拟的合作联盟。三是网络化。根据集团实际，逐步打破传统职能部门通过分工协作完成工作的惯例，不断增强水平的协作关系；适时发展善于创新的小型经营单元组成的网络型组织。组织变革是集团所进行的一项有计划、有组织的系统变革过程。

（3）制度变革：动态能力培育的制度保障。制度是制约企业动态能力构建的重要因素。集团动态能力的构建需要有效的制度安排，为其提供一个良好的制度环境、组织支持与激励机制。一种有效的制度其功能效应主要有以下三方面：一是规范与约束，它规范企业的经济关系，约束并引导企业及其员工的行为；二是具有明确企业产权、降低交易成本的功能；三是激励功能，激发企业的内在活力与员工的主观能动性，形成一种使企业资源与潜力充分释放的机制（龚一萍，2012）。

从组织学习视角构建集团动态能力，本书主要关注公司治理制度与知识共享制度。在公司治理制度方面，在传统的公司治理中，拥有资本的出资方发挥核心作用，其在治理结构中拥有主导权。随着企业环境的动态化以及知识经济时代的发展，知识在公司发展中发挥的作用越来越大。人力资本在组织决策中的作用日益凸显。集团应建立知识治理机制，构建以知识治理为核心的有利于知识拥有者价值实现的企业制度体系。这包括激励制度（如股权激励、期权激励制度等），能鼓励各级管理人员和知识型员工进行组织学习，促进集团资源与能力基础的改变。从组织治理层面完善战略决策机制，尤其是建立高管人员更替制度，建立打破战略认知惰性的决策制度。集团在治理制度变革中，应充分吸收内外部具有丰富知识、管理经验、创新能力的人才参与到公司治理中。同时，对集团内部的高管及知识型员工给予长期激励，留住优秀人才。知识共享是指个体的知识在组织内部传播的过程（段韵柳、李锡元，2011）。集团公司建立知识共享制度，既有利于激发员工的学习动力与竞争意识，也有利于提升管理效率，帮助集团更好地适应外部动态化环境与激烈竞争。通过知识共享制度的建设，集团应努力形成知识共享模式。

（4）技术变革：动态能力培育的支撑手段。技术变革是集团构建学习导向动态能力的支撑手段。集团的技术创新活动是指集团为实现其产品或服务在品种、功能、质量、服务等方面的现实改进或潜在改进而进行的技术活动。随着世界经济一体化的发展和各国经济开放程度的不断提高,集团技术创新活动已成为决定其生存和发展的关键要素。集团通过抓住市场的潜在赢利机会,以获取商业利益为目标,重新组织生产条件和要素,建立起性能更强、效率更高和费用更低的生产经营系统。集团通过不同技术要素组合来构筑技术能力。技术创新研究领域普遍将计算创新能力分解为创新资源投入、创新管理、创新倾向等要素(裴晓东、祁俊云,2012)。创新资源投入是指企业投入创新资源的数量与质量,具体包括研究开发投入与非研究开发投入。研究开发投入集中体现在经费、人员与设备上;非研究开发投入包括市场研究、设计、工艺与材料准备、试制等经费以及技术引进和技术改造的投资。创新管理能力表现为企业发展和评价创新机会、组织管理技术创新活动能力。

集团公司应通过建立统一的技术类平台,实现集团内部技术资源的共享,让技术资源成为集团内部成员的公共产品。集团公司在拥有一体化组织的规模经济的同时,与外部市场进行交流互动,为内部产业单元及子公司创造一种非均衡的发展环境。集团内部股权安排在克服技术市场失灵、降低技术扩散成本方面具有不可替代的作用。技术交易过程中的专业障碍与信息障碍严重制约新技术的扩散、应用和技术创新投入产出效率的提高。处于知识经济与信息时代的企业,要从海量的知识信息中获取有用知识,离不开信息技术的支撑。集团应该充分利用信息技术提供的便利,在信息搜索、信息传播等方面运用最新技术,让集团动态能力能够随着组织学习的发展而持续提升。信息技术能力可帮助集团筛选获取有用信息。通过对信息技术能力、互补人力资源整合等方面提供支撑。

第三节 本章小结

本章对集团公司产业生态系统运行机理与产业组合战略的演进进行理论研究。在文献研究和探索性案例分析的基础上,提出集团产业生态系统运行机理的"HC-S-PV模型"。集团制定产业组合战略时,首先应分析自身的能力,找出自身优势与劣势,然后结合外部环境,根据匹配原则来选择产业组合战略。产业组合确定后，集团总部根据自身资源与能力，选择与自身相匹配的产业协同战略与产业平台战略，以创造集团组合价值。集团公司在成长的各阶段都面临着能力"瓶颈"。集团产业组合战略的演进过程表现为"主导产业培育—主导产业关联组合—主导产业非关联组合"；集团公司能力演进过程表现为"基础能力导向—核心能力导向—动态能力导向"。集团公司能力演进决定集团产业组合战略演进。当集团能力处于基础能力导向阶段时，集团应选择主导产业培育战略；当集团能力处于核心能力导向阶段时，集团可选择主导产业关联组合与主导产业培育战略；当集团能力处于动态能力导向阶段时，集团可选择主导产业培育、主导产业关联组合、主导产业非关联组合战略。本章研究还提出了主导产业关联组合战略、主导产业非关联组合战略的实施途径、风险及防范等。当企业外部环境发生变化，企业需对自身拥有的核心能力不断进行更新。本章从组织学习视角为集团公司培育动态能力提出了文化变革、组织变革、制度变革以及技术变革四种策略。

第六章
集团公司产业组合战略演进应用分析：以新希望集团为例

本章选取新希望集团有限公司（以下简称新希望集团）作为研究对象，基于第五章研究成果剖析新希望集团发展历史，运用产业组合战略演进的理论解读新希望集团发展成功之道，透过经营案例说明产业组合战略演进理论在新希望集团战略管理中的作用，从而展示产业组合战略演进理论的应用价值。

第一节 案例企业背景

新希望集团创立于1982年，是中国最大的饲料生产企业以及国内最大的农牧企业之一，已逐步发展成为以农牧业为根基，适度多元发展的大型民营企业集团。集团积极践行"为耕者谋利、为食者造福"的经营理念，致力于打造世界级的农牧企业。集团从创业初期的单一饲料产业，逐步向上游、下游延伸，成为集农、工、贸、科一体化发展的大型农牧业民营集团企业。目前集团产业涉及农牧与食品、化工与资源、地产与基础设施、金融与投资四大领域。其中，农牧与食品是核心主业，涵盖的三条猪、禽、奶牛产业链已经具备2000万吨饲料生产能力（位居全球前三位）、13亿只家禽加工能力、850万头猪加工能力、100万吨奶加工能力[①]。2005年，新希望集团适时提出了"打造规范、环保、领先的世

---
① 资料来源：新希望集团官网。

界级农牧企业"的战略发展目标。2011年,新希望集团完成了重大资产重组,"新希望六和股份有限公司"成为中国最大的农牧上市公司。集团连续十年位列中国企业500强。截至2012年,集团在海内外15个国家建立了554家公司,员工逾9万人,销售收入突破900亿元人民币①。

从创立起至今,新希望集团②经过了30多年的发展,回顾其发展历程,大致可划分为创业期、主业(饲料业)成长期、多元化发展期、国际化发展期、"打造世界级农牧业企业"期五个阶段(详见附录七)。

1996年,新希望集团从希望集团分离出来,饲料产业成为新希望的主业。从1996年起,新希望集团的投资领域先后延伸至金融、房地产、化工、乳业等领域(见表6-1)。

表6-1 新希望集团各主要产业进入时间及方式

进入时间	进入产业领域	进入方式	备注
1986年	饲料业	自建	
1996年	金融业	参股	
1997年	化工业	合资	
1998年	房地产	联盟合作	
2001年	乳业	并购	
2003年	商贸物流业	直接投资建立"大商汇"	包含在房地产板块
2005年	家禽食品业	合资	
2006年	猪肉食品业	并购	

注:上述产业领域新希望集团进入后,至今未退出;本书根据收集资料整理。

新希望集团的产业单元构成情况如图6-1所示。其中,农牧产业板块是新希望的根基和主业,包括饲料、养殖、种植、乳业、肉食加工、生物、兽药等。从资产规模和年销售收入来看,新希望位居中国饲料行业第一位,并拥有猪、禽、奶三大产业链。化工产业板块从事磷化工、氯碱化工、钾化工、煤化工等生

---

① 资料来源:新希望六和公司官网。
② 新希望集团前身是希望集团,1996年从希望集团分离出来而成立。

产和投资,并分别向氯碱化工的后向一体化和磷化工的前向一体化延伸,同时在推进煤化工、镍铁等项目投资,力争占据煤矿、电石、磷矿资源等上游产业链。新希望地产板块经过十多年发展,已在多个省份与城市完成房地产开发;开发物业类型涉及别墅、城市高档电梯公寓、城市高端写字楼、大型商贸物流、专业市场、五星级酒店、旅游地产和总部工业园区等。新希望金融板块涉及银行、保险、投资等领域;新希望是中国民生银行的第一大股东,同时也是中国民生人寿保险公司的主要发起股东之一。

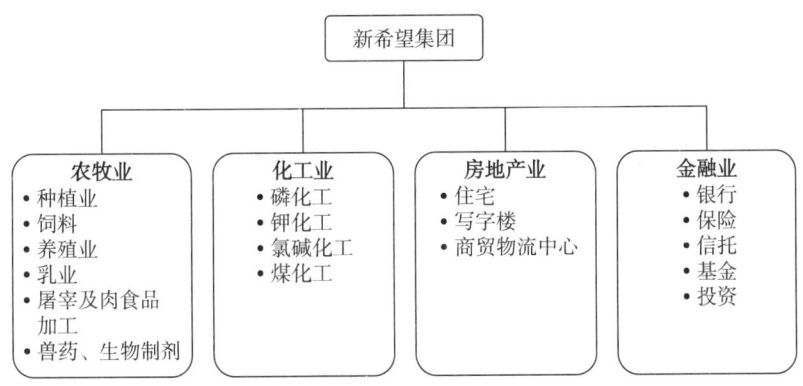

图6-1 新希望集团产业板块及相关业务示意图

资料来源:《新希望成功之道》。

第二节 案例分析准备

一、案例分析准备与目的

通过查阅新希望集团及其下属股份公司年报、公司官网,收集媒体关于新希望集团的报道,阅读《新希望成功之道》等书籍,全面而深入地了解新希望集团的发展历程与产业组合变化情况。通过新希望集团案例分析验证其产业组合战略演进过程为"主导产业培育—主导产业关联组合战略—主导产业非关联组合战略";集团产业组合战略演进的过程中,集团能力不断提升。

二、集团产业单元的角色识别

(一)主导产业的识别

通过对所收集资料的阅读与分析,确定饲料产业是新希望集团的主导产业,并且在1995年该主导产业就已经形成,识别过程见表6-2。

表6-2 集团主导产业识别过程示例

确定饲料产业为集团主导产业的证据
(1) 1986~1995年为主业成长期,希望集团将饲料产业做强做大
(2) 1995年,新希望集团的前身希望集团被中国饲料工业协会评定为中国饲料百强第一名
(3) 2005年,新希望集团和六和集团合计饲料产量可望达到600万吨,居中国饲料行业第一位,居行业领先地位
(4) 饲料行业是新希望集团的传统产业,也是其绝对主业
(5) 以饲料业为基点,近几年来,新希望集团在产业链整合方面做了大量的努力。借助于自身强大的实力、良好的品牌效益和在农业领域丰富的经营经验,新希望产业链整合,整体上比较顺利
(6) 2003~2005年,在新希望饲料、房地产、乳业和化工四大板块中,每个板块的收入都逐年增加,但饲料板块的份额最大
(7) 2005年,集团总销售额突破了200亿元,其中农牧业占88%;在集团100亿元的总资产中,农牧业占68%
(8) 在新希望现有的农牧、金融、房地产、化工四大板块中,农牧业所占比例最大。新希望的农牧业包括饲料、养殖、屠宰、肉食品加工、乳品、种苗、兽药及生物制剂等

注:上述信息来自《新希望集团成功之道》、集团公司官网、期刊文献。

(二)其他产业单元类型识别

新希望集团主导产业以外的产业单元类别识别见表6-3。

第六章 集团公司产业组合战略演进应用分析：以新希望集团为例

表 6-3 其他产业单元类别识别

产业单元	进入时间	产业的经济周期性强弱	与主导产业（饲料产业）关联性	产业单元类型识别	备注
金融产业	1996 年	较强	有	平台产业	开始为主业提供资金，后来成为各产业的投融资平台
化工产业	1997 年	较强	有	放大器产业	化工产业为饲料业提供添加剂
房地产业	1998 年	较强	无	蓝宝石产业	
乳业	2001 年	较弱	有	压舱石产业	
猪肉食品业	2005 年	较弱	有	压舱石产业	
家禽食品业	2006 年	较弱	有	压舱石产业	

注：根据收集资料整理。

第三节 案例分析内容

一、产业组合战略演进过程分析

（一）实施主导产业培育战略（1986~1995 年）

1986~1995 年为新希望将饲料产业做强做大、培育成集团主导产业的时期。从育鸡苗到养鹌鹑是刘永好兄弟经营空间的扩展，而从搞养殖到开发饲料生产，则是使家庭作坊经营向现代化规模经营的大步跨越。1987 年，刘永好兄弟发现饲料行业大有可为。20 世纪 80 年代中国饲料业正处于起步阶段，国家支持发展饲料行业。与此同时，国外饲料企业在中国规模扩张也引起刘氏兄弟的注意。1988年刘永好兄弟投资200多万元建立了希望饲料研究所，标志着公司正式进入饲料行业。1989年，希望饲料研究所研制出自己的饲料产品。但当时国际饲料巨头——泰国正大已经占据成都市场，希望饲料凭借质优价廉的优势迅速抢占成都市场。1990年，希望饲料的销量猛超过了正大成都公司的销量。1991年，希望集团的产量和销售收入都增长了1.5倍左右，已经拥有过亿资产，并且与正大集团在西南地区市场势均力敌。1992年，希望集团注册成立。在之后几年里，希望集团开始在全国布点，新建、收购饲料企业，规模逐渐扩大，且品牌也逐步增多，除希望牌外，还拥有国雄、嘉好等品牌。1995年，希望集团被国家工商行政总局评选为中国最大私营企业第一位，被中国饲料工业协会评定为中国饲料百强第一名。这标志着新希望主导产业培育的成功。

中国饲料产业在20世纪90年代后期进入了产能过剩期。同时，饲料加工业属于典型的劳动密集型行业，进入门槛低。当行业供小于求时饲料企业能获得较高的投资回报。而较高的投资回报吸引了越来越多的新进入者，导致市场迅速饱和，销售利润率和投资回报率不断下降。面临上述形势，新希望集团在1995年饲料业成为主导产业以后，就开始为集团寻找新的发展增长点，也进行了多种尝试。从1996年起，新希望集团的投资先后延伸至其他产业领域。

（二）实施主导产业关联组合战略（1996~1998年）

1. 发展平台产业：金融产业

20世纪90年代，我国的金融行业仍处于"拓荒"阶段，金融行业的发展潜力非常大，而且会持续快速成长。金融行业的银行、证券、保险、信托四个子行业都对民营企业进行了开放。新希望集团进入金融业的主要目的是分散资金风险和增加原有产业的竞争力。刘永好曾说："中国加入世贸组织之后，农业面临着国际上巨大的挑战，必须抢时间将自身做强做大。而金融业原来是国家垄断的行业，现在逐渐向民营企业放开，正处在转型过程中，我们认为这里面的机会非常大。"在饲料行业利润率不断下降的背景下，通过参股民生银行，新希望集团每年通过分红就可获得很高的回报率，股权增值的收益更加可观。1996年底成立的民生银行，在此后的时间里获得了长足发展。

金融产业板块下属的专业投资管理平台——厚生投资公司管理了新希望产业

投资基金以及厚生新兴产业投资基金。新希望产业投资基金专注于大农业、泛食品领域的投资,其投资人包括淡马锡、ADM、三井、华西希望集团、德龙集团等。新希望财务有限公司于2010年经中国银监会批准设立,承担集团成员企业及关系型企业的金融、资金服务任务。通过投资民生银行进入金融业,新希望集团不仅获得了良好的经济效益,而且进一步提高了希望集团的品牌和信誉,学习到先进的公司治理经验和金融方面的经营运作经验。新希望集团在金融业获得丰厚收益,也为其他产业尤其饲料业的发展提供了有力的资金保证。后来随着集团产业的增多,金融产业板块成为集团各产业单元的投融资平台,成为集团的平台产业。

2. 发展放大器产业:化工产业

化工产业是新希望集团1997年开始拓展的新兴业务。新希望集团化工产业包括成都华融化工有限公司、云南新龙矿物质有限公司、江苏天成保健品有限公司、甘肃新川化工有限公司等。成都华融化工有限公司是2000年新希望集团引进国际资本,与世界银行集团国际金融公司(IF)合资组建的以生产高纯度氢氧化钾为主要产品的现代化工业,由新希望集团控股经营,目前,华融化工已经成为国内最大的高纯度氢氧化钾的生产商和出口商。云南新龙矿物质有限公司主要从事饲料级磷酸钙、二氢钙与白磷肥的生产和销售,是全国第二大磷酸氢钙的生产商。江苏天成保健品有限公司是农业部定点生产畜禽药品厂家,是全国兽药企业前50强。此外,新希望集团有限公司已设立了专业从事化工业业务投资与管理的新希望化工投资有限公司,为集团化工产业的持续发展提供了新的平台。化工板块在为主导产业饲料业提供添加剂的同时,自身也获得良好发展。

(三)实施主导产业非关联组合战略:发展蓝宝石产业——房地产业

新希望集团于1998年涉足房产,新希望地产是新希望集团四大产业板块的重要组成部分。新希望地产以"健康生活空间运营商"为发展愿景,致力于为城市提供"安全、舒适、科技、绿色、环保"理念的人居空间,以及健康食品社区店、社区医疗、社区教育等服务配套。新希望地产开发的物业类型涉及别墅、城市高档电梯公寓、城市高端写字楼、大型商贸物流、专业市场、五星级酒店、旅游地产和总部工业园等。经过17年的发展,在成都、上海、昆明、南宁、大连、沈阳、呼和浩特等城市完成房地产开发面积300多万平方米。目前,新希望地产正在开发和待开发项目的总面积达 600 多万平方米，总投资额逾 450 亿元[①]。新希望地产凭借规范、专业的开发管理，以遍布全国多个城市的优秀住宅、商业及写字楼项目，在中国房地产界赢得了卓越的品牌形象，"锦官系""新希望家（花）园系""大商汇"已成为新希望地产负有盛名的产品品牌系列。

从 2004 年开始，新希望的房地产项目才陆续进入资金回收的"收获期"。新希望发展地产的模式是以"滚动开发"的方式缓慢而踏实地前行。新希望一进入房地产行业就尝到了暴利行业的甜头，先后推出的项目都赚得了高额利润。但由于集团只依靠自有资金开发，资金回收期太长。新希望在同时期的房地产企业中未能崭露头角。2009 年，新希望商鼎国际（成都）获"中国建设工程鲁班奖"，新希望地产在中国西部昆明和南宁建设独具特色的大商汇项目，引领了西部物流的新模式。2009～2010 年连续两年获得成都写字楼销售冠军。2013 年，新希望地产战略进入温州。同时，在 2014 年，新希望地产联合绿地集团共同开发房地产，再次扩展房地产板块。

（四）大力发展压舱石产业：乳业、禽食品与猪食品产业链（2001 年至今）

1. 发展乳业产业链

改革开放以来，我国牛奶生产呈快速增长之势。高额的利润回报率和广阔的发展前景是新希望打造乳品产业链的直接原因。新希望进军乳业的目的是形成以饲料为基点，打通上下游的产业链，形成种植业（饲料原料）—饲料（规模化生产销售）—养殖业（畜禽畜牧及配套服务）—食品（规模化深加工及销售）及乳业（规模化深加工及销售）的产业体系。饲料业与乳业有着天然的联系，乳业市场的兴旺必将带动奶牛饲养的发展，这可有效解决饲料的销路，从而进一步带动养殖业和兽药业的发展。而饲料价格的下调也会降低奶牛饲养的成本。打造乳品产业链，不但可从乳业本身获取利润，还可为其上下游提供渠道和增值空间。

新希望乳品产业链的构建始于 2002 年。新希望集团在全国范围大举收购乳品企业。在较短的时间里，新希望相继控股和参股了国内 10 余家乳品企业。新希望乳业年加工能力达到 80 万吨，成为西南地区最大的乳业联合体。新希望介

---

① 资料来源：新希望集团官网。

入乳业，动作迅速，投资巨大，但进行得有条不紊。新希望一直将奶源建设视为企业发展的重要保障。目前新希望在全国拥有 11 个奶源基地，10 个直属牛场，10 万多头产奶牛，年收奶量超过 35 万吨①。通过"公司＋基地＋农户"的奶源基地建设模式，与广大奶农结成了相互依托的利益共同体，充分发挥了龙头企业的辐射与带动作用，取得了良好的经济效益和社会效益。在乳制品的生产和销售环节，新希望集团大举收购拥有市场与品牌的中型乳制品企业，迅速进入乳制品市场。在大举收购乳品企业后，新希望主要从企业文化、生产能力和品牌三个方面进行整合，迅速做大做强乳业板块。

2. 发展禽食品产业链

新希望集团发展禽食品产业链也是立足于饲料业，向上下游不断延伸。2005 年 4 月，新希望集团通过股权收购，控股了山东最大的饲料生产企业——山东六和集团，完成了强强联合。山东六和集团是一家集饲料生产、食品加工、畜禽养殖、良种繁育、兽药生产、畜牧机械制造等产业和进出口产业为一体的大型畜牧企业。山东六和已拥有国内最为完整的禽食品产业链。与山东六和的战略联合丰富了新希望的"大农业产业链"的内容。在良种繁育方面，山东六和引进国际精良设备和先进技术，建有现代化种鸡场、种鸭场等，构成了禽产业链的源头。在禽养殖方面，建有存栏 10 万只以上的标准化鸡场 33 处，养殖水平在国内处于领先地位，并已接近国际先进水平。同时六和还有强大的动物保健支撑禽食品产业链，拥有 6 家兽药生产厂家，是我国国内最大的动物保健品生产企业。在食品加工环节，山东六和下辖 16 个加工厂，拥有 11 条肉鸡宰杀线，9 条肉鸭宰杀线，1 条熟food加工线，1 条鸡蛋加工线，年宰杀家禽 2 亿只，日产量 1600 多吨，产品主要有分割鸡肉、深加工肉食产品、熟食产品三大系列 120 余个品种②。集团的禽食品主要供应肯德基、麦当劳、双汇、沃尔玛等各地快餐店、大小肉类批发市场，市场覆盖面广、占有率高。目前新希望的禽食品产业链，对我国禽食品行业发展有着举足轻重的影响。

3. 发展猪食品产业链

新希望的猪食品产业链是紧密围绕着其饲料主业发展起来的，是新希望集团充分结合自身优势，由点及面，逐步向上、下游扩展，逐步扎实打造的猪食品产

---

① ② 资料来源：新希望集团官网。

业链。新希望猪食品产业链遵循"种猪—饲料—养殖—收购—屠宰—肉食品加工—市场"的模式发展。新希望集团已将肉类食品列为新的增长点,新希望拥有青神、洪雅生猪养殖、屠宰等在内的10多家养殖和初加工基地,但这仍不能满足产业链发展的需求。新希望猪食品产业链在屠宰环节上相对比较薄弱,目前集团已经拟定计划建设多家现代化畜类屠宰场。在肉食品加工环节上,新希望集团拥有成都希望食品有限公司、成都美好食品有限公司、青神美好食品有限公司和洪雅美好食品有限公司四家企业,主要生产火腿肠。由于肉食品加工是整个猪产业链上的核心业务,这个环节的高附加值将会为整个猪产业链的发展提供强劲动力。新希望集团将在省内外采用投资兴建、投资控股、兼并收购等形式,在全国范围内布局设点,扩大肉食品加工环节的生产能力。

整合猪食品产业链,除了依靠集团自身力量外,新希望还计划依赖广大的农户,以生产围绕绿色猪肉这个中心进行整合,形成利益共享的绿色生态产业链模式,共创品牌,共同发展。当整个产业链健全完善后,新希望所销售的每个产品都会有自己的电子档案,能够追溯其生产的每个环节,全过程保证产品的质量和安全。这就要求广大农户进行集约化、规模化的养殖。新希望通过对合作农户进行扶持、培训、服务、筛选和自己创建猪场等方式来完善养殖环节。

(五)持续完善集团产业生态系统:打造"三链两网"

2006年以后,新希望集团提出打造"三链两网"。目前新希望集团形成了如图6-2所示的产业生态系统。新希望集团在新农村建设中不断探索"公司+基地+农户"的产业化生产模式和"三链两网"建设,即建设猪产业链、禽产业链、奶牛产业链、农业营销服务网、农村金融担保网。新希望集团将向农户、家庭农场和合作社提供组织、金融体系、技术、加工和市场等多方面服务,促进集团向综合服务商方向转型。同时扶持农户、家庭农场和合作社向规模化方向发展。新希望的ERP以电子商务为手段,全面整合企业内外部资源。通过发展电子商务,利用互联网、企业内部网、企业虚拟网来解决商业交易问题,降低产、供、销成本,开拓新市场,创造新商机。集团希望通过采用最新网络技术手段,实现商品、物资、人员、信息的协调。新希望集团围绕猪食品、禽食品、乳业三条产业链进行信息化建设,信息链中流动的就是产业链中产生的信息。这既提高了信息流动的效率,也使管理规范化,提高了整个产业链的价值。

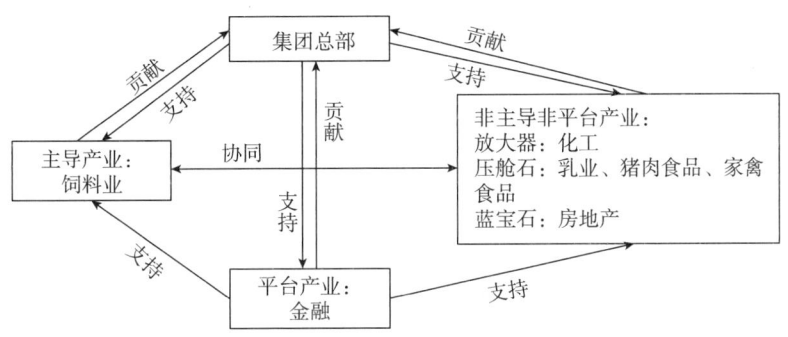

图6-2 新希望集团产业生态系统内部结构示意图

此外,新希望集团下属核心子公司——新希望六和股份公司在2014年拟定了为期三年的新战略规划,明确了公司的愿景是"成为世界级农牧企业和美好公司",追求世界级的发展目标,掌握世界级饲料技术与肉食品加工技术,提供世界级养殖综合服务与肉食消费方案,在国内、国外市场与国际领先企业展开竞争与合作,在全球范围整合资源。公司将长期扎根于农牧业打造高效率、高价值的一体化链条,成为"饲料产业的领导者、养殖领域产业链的组织者、食品产业的领先者";并通过综合型服务成为"农牧技术服务商、农业金融领军者、农牧数据大平台"。

(六)小结

总之,通过先后实施主导产业培育战略、主导产业关联组合战略、主导产业非关联组合战略,新希望集团的产业生态系统不断完善。集团始终保持至少拥有一个主导产业(饲料产业),同时通过并购等手段努力将猪食品、禽食品发展成为新的主导产业。集团产业生态系统内部产业之间高度关联,集团综合竞争优势持续增强。而集团产业系统内部的乳业、禽食品、猪食品、金融业等仍拥有广阔的发展空间。上述产业单元也涵盖了周期性较强的产业(房地产、金融)与周期性较弱的产业(饲料、乳业、禽食品、猪食品等),能够有效化解宏观经济波动带来的风险。新希望集团正在构建农业营销服务网与农村金融担保网,致力于通过综合型服务成为"农牧技术服务商、农业金融领军者、农牧数据大平台"。集团形成的良性产业生态系统不断完善,推动集团健康、持续发展。新希望集团在实施主导产业非关联组合战略后,又重新实施主导产业关联组合战略,大力发展压舱石产业(乳业、禽食品、猪食品),其目的是充分利用集团主导产业(饲料业)的优势,力争将压舱石产业培育成市场规模大、竞争力强的产业,更好地促进集团公司持续健康发展。

二、产业组合战略演进动力分析

(一)企业文化的演进

新希望集团的企业文化发展经历了合作创业、企业家治理、现代法人治理三个阶段。

1. 合作创业阶段(1982~1995年)

初步形成了"艰苦创业""互惠共赢""共同致富"的理念。这一阶段是新希望的创业阶段,刘氏兄弟抓住改革开放带来的历史机遇,实现了资本的原始积累。该阶段,新希望并没有提出明确的企业文化概念。但"做大事不做大款""艰苦创业""互惠共赢""共同致富"的理念在这一阶段已开始深深扎根于企业。该阶段可视为新希望企业文化的孕育期,新希望集团后来的企业文化基因已具备。

2. 企业家治理阶段(1995~2002年)

公司成立企业文化建设委员会,企业文化逐渐形成统一的口号、标志,在内部形成凝聚力,同时对外进行宣传。1995年刘氏兄弟分家,1996年刘永好组建新希望集团,开始进行多元化经营。新希望于1995年第一次明确提出企业宗旨:"与祖国共同发展、与人们携手致富、与社会一起发展。"与此同时,新希望提出了"像家庭、像军队、像学校"的口号。2001年,新希望成立由企业负责人刘永好担任主任的企业文化建设委员会。新希望的企业文化开始逐渐形成统一的口号、标志,也开始逐渐形成凝聚力。该阶段可视为新希望企业文化的发展期。

3. 现代法人治理阶段(2002年以后)

明确企业宗旨和核心价值观,重视企业社会责任,企业文化逐步成熟。2002年,新希望对集团总部开始改组,基本形成现代法人治理框架,开始实行"董事会与经营班子分离,总部与事业部分离"的原则,开启了现代法人治理阶段。在该阶段，新希望开始在集团内正式推广企业文化。根据内外环境的变化，新希望将企业宗旨修正为"与客户共享成功，与员工共求发展，与社会共同进步"，提出明确的企业核心价值观。同时，新希望也开始推动"加减乘除"的经营管理文化。"加"，就是增加诚信，加强共赢。只有诚信才能兴企，只有形成共赢理念，企业才会做大、做好、做长。"加"，也是增加国际理念和现代管理理念。"减"，就是既减去纯家族式管理的不足，也要减去老板过多的职务。"乘"，就是要注意生产经营、品牌经营与资本运作的结合，追求资本运作的乘积效应。"除"，就是除去若干短期化行为。对"新希望"而言，"加减乘除"法是永不停止的混合运算。练好基本功，需要企业管理思维和管理体制的相应到位。从2007年开始，新希望每年发布年度社会责任报告。该阶段可视为新希望企业文化的成熟期。

(二) 组织结构的演进

随着集团产业组合战略的演进，集团的组织结构也不断发生变化。新希望集团的组织结构创新经历了原始积累、规模扩张、多元化尝试、适度多元化、集团化运作五个阶段。在原始积累阶段（1989～1992年），采用直线制的组织结构，即五部一室集权结构。在规模扩张阶段（1996～1998年），采用"职能部门+分（子）公司"的组织结构。在多元化尝试阶段（1998～2003年），采用"职能部门+多个分（子）公司"的组织结构。在适度多元化阶段（2003～2010年），采用"职能部门+事业部"的组织结构。在集团化运作阶段（2006～2010年），采用"改进的职能部门+多个事业部"的组织结构。

(三) 技术研发的演进

新希望的技术研发与创新演进过程如下：在创业阶段（1982～1992年），以企业家研发为主导，即企业家亲自研发促进创业发展。在规模发展阶段（1992～1995年），进行复制性技术扩散，即中心工厂负责研发，同时不断将饲料配方和生产工艺技术复制到新建工厂，促进公司规模扩张。在多元化发展阶段（1995～2005年），创新体系初步建立，内部初步建立了规范的研发体系，开始与国内高等院校和科研机构建立技术合作关系。在打造世界级农牧产业链阶段（2005～2010年），开展集成创新。加强内部研发体系，同时整合内外部研发资源，提高研发能力，支持公司领先发展的目标。

（四）管理制度变革的演进

公司管理制度变革包括公司治理、人力资源管理、财务管理、供应链管理等制度的变革。

1. 公司治理制度变革

个体户方式阶段（1982~1992 年）：财产共有，协商决策。有限责任公司方式阶段（1992~1997 年）：家族成员划分财产，基于资本建立合作关系。现代家族集团治理方式（1997 年以后）阶段：现代的家族集团治理，即公司创始人与职业经理人分工合作，同时关注企业责任。

2. 人力资源管理制度变革

新希望集团成立前时期（1996 年以前）：初步建立了非家族式管理制度。人力资源改进时期（1997~2003 年）：以新希望农业股份公司上市为契机，公司先后建立了岗位职责管理体系、绩效考核管理体系、后备干部管理体系、员工管理办法等。世界级农牧企业建设时期（2007 年以后）：加强集团的能力，重视人力资源的整合，着眼于人力资源的有效管理。

3. 财务管理制度变革

初期的管理体系（2000 年以前）——总部—分（子）公司的两层级管理体系，资本财务以支持饲料业发展为主。多层次的管理体系（2000 年以后）——总部—事业部—分（子）公司的三层次管理体系，支持多业务发展。

4. 供应链管理制度变革

家庭作坊和共产时代的简单供应链（1982~1995 年）：局限于企业内部操作层面上的供、产、销系统，没有形成相互协作配合的供应链。多产业的集团供应链初步形成多产业、多板块、多产品的复杂供应链（1996~2005 年）：供应链管理的思想被逐步引入新希望管理和生产实践中，但供应链仍然不完善。开始建立覆盖农牧业全价值链的供应链体系（2006 年以后）：通过资源集中战略，使供应链体系的资金流、信息流、物流聚合，形成规模效应和协同作用，打造覆盖了农牧业的完整价值链。

三、产业组合战略演进的启示

新希望集团之所以取得较好的发展成效,主要原因如下:

其一,新希望集团具有很强的环境感知能力,抓住机遇,顺势而为。新希望集团高度重视外部环境变化的趋势,抓住了几次重大的发展机遇,逐步成长为国内领先的民营企业。20世纪90年代中期,我国金融业逐渐考虑对民营企业开放,新希望集团抓住了此商机,联合其他民营企业家建立民生银行;国家发展资本市场,特别是鼓励优秀民营企业上市,新希望抓住机遇实现了上市,促进集团获得重大发展。

其二,新希望集团具有很强的组织学习能力与变革创新能力,不断改进内部管理。新希望集团一直处于高速成长中,集团在成长中不断学习新的管理方式,并不断调整各项职能管理,包括组织结构、资本财务、人力资源、供应链管理等。比如,新希望集团自创立至今,在战略上进行了5次重大调整,在组织结构上进行了5次重大变革,在财务管理、人力资源、供应链、技术研发等方面都进行了持续的改进。

其三,新希望集团具有很强的资源整合重置能力,成功进行并购与产业链整合。新希望集团发展初期主要采用内涵式发展,当集团发展到一定规模并形成竞争力后,集团开始重视投资并购一批优质资产,并进行产业链整合。集团以资本为纽带,以并购为手段,通过一系列频繁的资本运作、重组、收购、兼并、入股上下游企业,使其产业链不断延伸、扩展和完善。为建设世界级的农牧企业,新希望集团于2005年获得山东六和集团50%的股份,于2006年收购千喜鹤集团60%的股份。集团不仅规模快速扩大,在禽产业链、肉产业链和奶产业链上的实力也显著提升。经过产业链整合,新希望产品综合配套能力得到增强,产品应用领域得到扩大,市场占有能力进一步增强。

第四节 本章小结

本章研究发现，新希望集团产业组合战略演进过程表现为"主导产业培育—主导产业关联组合战略—主导产业非关联组合战略"。在发展过程中，新希望集团通过文化变革、组织变革、技术变革与制度变革来提升集团总部的能力。新希望集团能够取得持续、健康发展，与其拥有很强的环境感知能力、组织学习能力、变革创新能力、资源整合重置能力紧密相关。本章的案例分析结果展现了集团公司产业组合战略演进规律、演进动力在集团公司经营管理实践中的应用价值。

第七章
集团公司主导产业属性维度及培育途径分析

作为集团公司产业生态系统的重要组成部分，主导产业在集团成长中发挥着重要作用。主导产业是集团在市场竞争和集团内部产业单元竞争中选出的，其与集团拥有资源和能力相互适应。由于产业具有产业生命周期，主导产业单元的衰退将可能导致集团在该领域核心竞争能力的降低甚至丧失。集团通过产业组合，及时选择具有良好发展前景的产业加以培育，以此实现新老主导产业的接续。同时，通过发展受宏观经济周期影响程度不同的产业来消除经济波动带来的风险。总之，集团公司以主导产业为基础构建产业生态系统，有利于促进集团公司的持续健康成长。本章主要分析主导产业属性维度及其培育途径。

第一节 集团公司主导产业属性维度分析

一、集团公司主导产业属性初始问卷形成

根据集团公司主导产业的定义及内涵，借鉴企业核心业务相关理论、主导产业理论等研究成果，集团公司主导产业主要具有以下特征：①集团公司主导产业具有成长性。为持续地保持竞争力、发挥其在集团内部的支撑与带动作用，主导

产业自身必须要保持一定的成长速度。集团公司主导产业应具有较大的市场增长空间以及较长的可持续发展时间，唯有如此，主导产业才能推动集团公司实现可持续发展。②集团公司主导产业应保持竞争力。集团公司主导产业只有拥有强大的市场竞争力，在行业中处于领先的竞争地位，才能够保障产业在激烈的行业竞争中获得持续发展机会。③集团公司主导产业应具有支撑性。主导产业在集团内部的收入贡献与利润贡献均领先其他类型产业单元，唯有如此才能真正发挥其支撑作用。④集团公司主导产业应具有带动性。主导产业与集团其他产业具有较高的产业关联度。主导产业通过自身发展可帮助其他产业提升销售收入规模与市场竞争力，最终推动集团整体发展。

本节首先围绕集团公司主导产业的上述四个特征，收集与各特征相关的分量表。

（一）集团公司主导产业成长性相关量表

赵冉和蒋运通（2009）在分析企业成长能力的阶段性评价指标时，提出产业成长性的评价要素应包括产业发展速度、年销售增长率等。勾丽（2010）在测量集群企业成长绩效时所采用的测量题项有与本地主要竞争者相比：①近三年内员工数增长更快；②近三年内主营业务销售额增长率更高；③近三年内利润增长率更高；④近三年内市场份额增长更快。综上，根据集团公司主导产业的定义，本书对集团公司主导产业成长性的测量题项设置如表 7-1 所示。

表 7-1 集团公司主导产业成长性测量题项

维度	测量题项及代码
成长性	①与同行主要对手相比，集团主导产业近三年内的销售收入增长速度更快（c1）
	②与同行主要对手相比，集团主导产业近三年内的市场份额增长更快（c2）
	③与同行主要对手相比，集团主导产业近三年内的利润增长速度更快（c3）
	④与同行主要对手相比，集团主导产业近三年内员工人数增长更快（c4）
	⑤与同行主要对手相比，集团主导产业近三年内的资产总额增长速度更快（c5）

第七章 集团公司主导产业属性维度及培育途径分析

(二) 集团公司主导产业竞争力相关量表

金碚 (2003) 提出企业竞争力检测指标体系,包括基础数据与调查问卷数据。其中,基础数据包括规模因子因素与效益子因素:规模子因素由销售收入、近三年销售收入增长、出口收入占销售收入的比重和净资产四项指标构成;效益子因素包括净利润、近三年净利润的平均增长、全员劳动效率、净资产利润率及总资产贡献率五项指标。调查问卷数据包括公众对企业的知晓程度、综合印象与发展信心。李钢 (2004) 研究发现,销售收入、净利润、净资产对企业竞争力的衡量起到关键性作用。根据集团公司主导产业的定义,本书对集团公司主导产业竞争力的测量题项设置如表 7-2 所示。

表 7-2 集团公司主导产业竞争力测量题项

维度	测量题项及代码
竞争力	①与同行主要对手相比,集团主导产业占有的市场份额更多 (j1)
	②与同行主要对手相比,集团主导产业的净资产利润率 (税后利润除以净资产的百分比) 更高 (j2)
	③与同行主要对手相比,集团主导产业的总资产贡献率 (利润总额、税金总额、利息支出三者之和除以平均总资产的百分比) 更高 (j3)
	④与同行主要对手相比,集团主导产业的市场影响力更大 (j4)
	⑤与同行主要对手相比,集团主导产业的社会影响力更大 (j5)

(三) 集团公司主导产业支撑性相关量表

孙大鹏、苏敬勤、仲小云 (2006) 将企业核心业务的内涵归纳为:企业内部能力方面处于核心地位;对企业的收入贡献处于核心地位;关注程度上处于核心地位。该文采用业务专利指标及业务在企业内部的收入占比来衡量核心业务。王忠 (2005) 研究提出,反映企业绩效的动态发展能力指标包括主营业务利润增长率、资本积累率、销售增长率。集团公司主导产业对集团的支撑性主要体现在竞争力、收入、利润以及现金流的贡献等方面。因此,本书对集团公司主导产业竞争力的测量题项设置如表 7-3 所示。

表7-3 集团公司主导产业支撑性测量题项

维度	测量题项及代码
支撑性	①与集团其他产业相比，主导产业目前的行业竞争地位更加领先（z1）
	②与集团其他产业相比，主导产业近三年内的集团内部收入占比更高（z2）
	③与集团其他产业相比，主导产业近三年内的集团内部利润占比更高（z3）
	④与集团其他产业相比，主导产业近三年内的集团内部新增收入占比更高（z4）
	⑤与集团其他产业相比，主导产业近三年内的集团内部新增利润占比更高（z5）
	⑥与集团其他产业相比，主导产业近三年内的集团内部净现金流贡献占比更高（z6）

（四）集团公司主导产业带动性相关量表

通过综合访谈、文献研究，本书认为集团主导产业的带动性主要体现在主导产业与其他产业的关联性、对其他产业收入增加与竞争力提升的带动，以及对集团整体竞争力的提升等方面。对集团公司主导产业带动性的测量题项设置如表7-4所示。

表7-4 集团公司主导产业带动性测量题项

维度	测量题项及代码
带动性	①与集团其他产业相比，主导产业的集团内部产业关联度更高（d1）
	②主导产业发展对集团其他相关联产业的收入增长具有明显的带动作用（d2）
	③主导产业发展对集团其他相关联产业的竞争力提升具有明显的促进作用（d3）
	④主导产业发展对集团整体竞争力的提升具有明显的促进作用（d4）

根据上述量表，形成集团公司主导产业属性测量初始问卷。问卷提问采用封闭式，共包括两个部分：第一部分，集团公司概况。收集研究对象的基本信息，确认所调查公司是否属于本书的研究对象，同时确认被调查者是否符合资格要求。该部分设置了10个题项。第二部分，集团公司主导产业的属性测量。含四个分量表，共20个题项。其中，集团公司主导产业成长性测量量表5个题项；集团公司主导产业竞争力测量量表5个题项；集团公司主导产业支撑性测量量表6个题项；集团公司主导产业带动性测量量表4个题项。

二、集团公司主导产业属性的探索性因子分析

（一）样本概况

按照研究设计，为保证数据收集的可行性，在四川省内采用面对面调查。调查对象主要来自四川大学商学院的 EMBA、MBA 学员。电子邮件调查方面，利用人际关系，将问卷以"点对点"的形式发给被调查者。问卷调查工作从 2015 年 5 月初开始，持续到 8 月中旬。面对面问卷发放 50 份，收回 42 份，回收率 84%。电子邮件发放 200 份，收回 117 份，回收率为 58.5%。问卷筛选根据"职位是否为中、高层管理人员""集团拥有产业单元的个数"，同时根据问卷填写内容的完整性，有 22 份问卷是无效的。调查最终获得有效问卷 137 份，作为本章研究的数据样本。样本的特征描述如表 7-5~表 7-12 所示。

表 7-5 样本集团成立时间

集团成立时间	频数	百分比（%）	累计百分比（%）
5 年以下	11	8.0	8.0
6~10 年	15	10.9	19.0
11~20 年	33	24.1	43.1
20 年以上	78	56.9	100.0

表 7-6 样本集团组建方式

集团组建方式	频数	百分比（%）	累计百分比（%）
自然成长型	88	64.2	64.2
政府组建型	40	29.2	93.4
其他	9	6.6	100.0

表7-7　集团所拥有产业单元个数

集团产业单元个数	频数	百分比（%）	累计百分比（%）
1个	15	10.9	10.9
2个	17	12.4	23.4
3个	23	16.8	40.1
4个	11	8.0	48.2
5个	12	8.8	56.9
6个及以上	59	43.1	100.0

表7-8　集团所有权性质

集团所有权性质	频数	百分比（%）	累计百分比（%）
国有独资或控股	43	31.4	31.4
民营独资或控股	59	43.1	74.5
外国独资或控股	30	21.9	96.4
其他	5	3.6	100.0

表7-9　集团经营地域范围

集团经营地域范围	频数	百分比（%）	累计百分比（%）
中国大陆地区及海外地区	77	56.2	56.2
中国大陆地区	40	29.2	85.4
仅在集团总部所在省份地区	15	10.9	96.4
其他	5	3.6	100.0

表7-10　样本集团经营管理模式

集团经营管理模式	频数	百分比（%）	累计百分比（%）
产业经营型	65	47.4	47.4
资本经营型	27	19.7	67.2
混合型	45	32.8	100.0

第七章 集团公司主导产业属性维度及培育途径分析

表 7-11　样本集团主导产业发展情况

集团主导产业发展	频数	百分比（%）	累计百分比（%）
未形成主导产业	20	14.6	14.6
已经有一个主导产业	58	42.3	56.9
已有多个主导产业	59	43.1	100.0

表 7-12　样本集团主导产业所处的产业生命周期阶段

主导产业的产业生命周期	频数	百分比（%）	累计百分比（%）
中国大陆地区及海外地区	77	56.2	56.2
中国大陆地区	40	29.2	85.4
仅在集团总部所在省份地区	15	10.9	96.4
其他	5	3.6	100.0

被调查者中有41位属于集团公司高层管理人员，占比为30%；其余为集团中层管理人员。另外，从样本集团的主业分布上看，主要以制造业为主。

问卷调查收集的集团公司主导产业属性各条目的数据如表7-13所示。

表 7-13　集团公司主导产业属性预调查问卷中条目的最大值、最小值和均值

描述统计量	N	极小值	极大值	均值
与同行主要对手相比，集团主导产业近三年内的销售收入增长速度更快（c1）	137	1	5	2.45
与同行主要对手相比，集团主导产业近三年内的市场份额增长更快（c2）	137	1	5	2.64
与同行主要对手相比，集团主导产业近三年内的利润增长速度更快（c3）	137	1	5	2.81
与同行主要对手相比，集团主导产业近三年内员工人数增长更快（c4）	137	1	5	2.94
与同行主要对手相比，集团主导产业近三年内的资产总额增长速度更快（c5）	137	1	5	2.77
与同行主要对手相比，集团主导产业占有的市场份额更多（j1）	137	1	5	2.63

续表

描述统计量	N	极小值	极大值	均值
与同行主要对手相比，集团主导产业的净资产利润率（税后利润除以净资产的百分比）更高（j2）	137	1	5	2.71
与同行主要对手相比，集团主导产业的总资产贡献率（利润总额、税金总额、利息支出三者之和除以平均总资产的百分比）更高（j3）	137	1	5	2.72
与同行主要对手相比，集团主导产业的市场影响力更大（j4）	137	1	5	2.56
与同行主要对手相比，集团主导产业的社会影响力更大（j5）	137	1	5	2.56
与集团其他产业相比，主导产业目前的行业竞争地位更加领先（z1）	137	1	5	2.45
与集团其他产业相比，主导产业近三年内的集团内部收入占比更高（z2）	137	1	5	2.50
与集团其他产业相比，主导产业近三年内的集团内部利润占比更高（z3）	137	1	5	2.55
与集团其他产业相比，主导产业近三年内的集团内部新增收入占比更高（z4）	137	1	5	2.64
与集团其他产业相比，主导产业近三年内的集团内部新增利润占比更高（z5）	137	1	5	2.72
与集团其他产业相比，主导产业近三年内的集团内部净现金流贡献占比更高（z6）	137	1	5	2.53
与集团其他产业相比，主导产业的集团内部产业关联度更高（d1）	137	1	5	2.37
主导产业发展对集团其他相关联产业的收入增长具有明显的带动作用（d2）	137	1	5	2.39
主导产业发展对集团其他相关联产业的竞争力提升具有明显的促进作用（d3）	137	1	5	2.39
主导产业发展对集团整体竞争力的提升具有明显的促进作用（d4）	137	1	5	2.27

（二）预处理与项目分析

本书归纳了被调查者在答题过程中的反映与意见，作为形成正式问卷时修正的参考；并进行项目分析，根据分析结果删除条目，以构建集团主导产业属性正式问卷。

本书参考邱皓政（2009）的建议，采用下列五项标准来检验条目，以作为删除条目的依据，包括遗漏值检验、项目分析、该条目被删除后全问卷内部一致性系数是否提高、各条目与问卷总分之间相关系数、因子分析结果中各条目在所属因子下的因子载荷。

1. 遗漏值检验

在遗漏值检验部分,没有条目存在显著性的遗漏偏差,因此不做删除。

2. 项目鉴别力分析

项目分析目的在于对各条目进行项目区分度(Item Discrimination)分析,即求出每一个条目的"临界比率"(Critical Ratio, CR),如果条目的 CR 值达到显著水平时,即表示这个条目能鉴别不同受试者的反应程度。测量专家们把试题的鉴别度称为测验是否具有效度的"指示器",并作为评价项目质量、筛选项目的主要指标之一,同时它也是因子分析的前提和基础(吴明隆,2003)。具体做法是将所有受试者在预试问卷的得分总和依高低排列,以测验总分最高的 27% 及最低的 27%,作为高低分组界。本书对集团主导产业属性的 20 道条目高分组和低分组进行独立样本的 T 检验,结果如表 7-14 所示。

表 7-14 独立样本 T 检验

条目	方差方程的 Levene 检验		独立样本 T 检验结果		
	F	Sig.	t	df	Sig. (2-tailed)
c1	4.898	0.030	10.908	75	0.000
			11.092	66.787	0.000
c2	0.390	0.534	10.517	75	0.000
			10.581	74.578	0.000
c3	0.029	0.865	10.469	75	0.000
			10.400	70.730	0.000
c4	0.069	0.793	8.828	75	0.000
			8.798	72.982	0.000
c5	0.138	0.711	10.297	75	0.000
			10.245	71.891	0.000
j1	0.134	0.715	10.928	75	0.000
			10.900	73.502	0.000
j2	2.451	0.122	12.439	75	0.000
			12.484	74.988	0.000

续表

条目	方差方程的 Levene 检验		独立样本 T 检验结果		
	F	Sig.	t	df	Sig.（2 – tailed）
j3	0.080	0.778	12.671	75	0.000
			12.667	74.455	0.000
j4	0.009	0.923	10.512	75	0.000
			10.542	74.995	0.000
j5	0.000	0.999	9.903	75	0.000
			9.914	74.800	0.000
z1	0.085	0.771	12.547	75	0.000
			12.624	74.563	0.000
z2	0.238	0.627	11.468	75	0.000
			11.554	74.084	0.000
z3	0.144	0.705	12.699	75	0.000
			12.667	73.516	0.000
z4	1.534	0.219	9.874	75	0.000
			9.789	68.904	0.000
z5	0.170	0.682	12.371	75	0.000
			12.360	74.237	0.000
z6	1.387	0.243	9.059	75	0.000
			8.986	69.481	0.000
d1	0.002	0.967	7.888	75	0.000
			7.949	74.017	0.000
d2	0.017	0.897	8.683	75	0.000
			8.761	73.357	0.000
d3	0.118	0.733	8.121	75	0.000
			8.188	73.736	0.000
d4	0.113	0.737	8.412	75	0.000
			8.515	71.160	0.000

注：表中的条目分别对应于表7－13中的集团公司主导产业属性条目。

针对每个条目的高、低分组分别进行独立样本T检验，从表7－14的结果来看，所有条目的t值显著，具有良好的鉴别度，保留所有条目，以进一步做因子分析。

(三) 条目与总分的相关系数和内部一致性系数

首先,当条目与该问卷总分之间相关系数低于0.4时,则将该条目予以删除(吴明隆,2010)。集团主导产业属性条目与该问卷总分之间相关系数高于0.4。

其次,对测量集团公司主导产业属性的20个题项进行可信度检验,内部间一致性系数Cronbach's α = 0.954。通常认为,α 大于0.7就能够满足内部一致性的需要,由此得出构建测量题项之间一致性较高,具有很高的可信度。如表7-15所示,集团主导产业属性删除该条目后问卷Cronbach's α 系数均小于0.954;由此得出各维度测量题项间的一致性较高,具有很高的可信度。故全部保留。

表7-15 集团公司主导产业属性维度问卷的条目分析结果 (N=218)

条目	均值	标准差	条目与总分的相关系数	删除该条目后问卷 Cronbach's α 系数	删除与保留
c1	2.45	1.029	0.726**	0.952	保留
c2	2.64	0.984	0.740**	0.951	保留
c3	2.81	1.026	0.740**	0.951	保留
c4	2.94	0.968	0.593**	0.954	保留
c5	2.77	0.993	0.726**	0.951	保留
j1	2.63	1.125	0.732**	0.952	保留
j2	2.71	0.964	0.796**	0.950	保留
j3	2.72	1.043	0.829**	0.950	保留
j4	2.56	1.042	0.789**	0.950	保留
j5	2.56	1.056	0.750**	0.951	保留
z1	2.45	0.931	0.806**	0.950	保留
z2	2.50	0.979	0.728**	0.951	保留
z3	2.55	0.970	0.751**	0.951	保留
z4	2.64	0.898	0.713**	0.952	保留
z5	2.72	0.915	0.749**	0.951	保留
z6	2.53	0.892	0.713**	0.952	保留
d1	2.37	0.875	0.650**	0.953	保留
d2	2.39	0.877	0.668**	0.952	保留
d3	2.39	0.885	0.648**	0.953	保留
d4	2.27	0.870	0.700**	0.952	保留

(四) 探索性因子分析结果

项目分析后,为检验问卷的结构效度(Construct Validity),应进行因子分析。所谓结构效度是指问卷能测量理论的概念或特质的程度。探索性因子分析目的在于确定问卷潜在的结构,减少条目数目,使之变为一组较少且彼此相关较大的变量。探索性因子分析步骤如下:

1. KMO 与 Bartlett's 检验

KMO 值越接近 1,代表净相关系数越低,代表抽取共同因子的效果越好。KMO 统计量:是通过比较各变量间简单相关系数和偏相关系数的大小判断变量间的相关性,相关性强时,偏相关系数远小于简单相关系数,KMO 值接近 1。一般情况下,KMO≥0.9 说明非常适合因子分析;0.8≤KMO<0.9 说明比较适合;0.7≤KMO<0.80 以上说明尚可进行因子分析;0.5<KMO<0.60 说明效果很差;KMO≤0.50 以下说明不适宜作因子分析。

Bartlett's 球形检验,用于检验相关矩阵是否是单位矩阵,即各变量是否独立,它是以变量的相关系数矩阵为出发点,零假设:相关系数矩阵是一个单位矩阵。如果 Bartlett's 球形检验的统计计量数值较大,且对应的 p 值小于给定的显著性水平,则应该拒绝零假设可以用于做因子分析;反之,则不能拒绝零假设,认为相关系数矩阵可能是一个单位矩阵,不适合做因子分析。

进行集团主导产业属性的探索性因子分析时,KMO 值等于 0.890。Bartlett's 球形度检验值为 1885.210,对应 p 值小于 0.001 通过显著性检验,说明适合进行因子分析(见表 7 – 16)。

表 7 – 16 KMO 和 Bartlett's 检验

取样足够度的 Kaiser – Meyer – Olkin 度量		0.890
Bartlett's 球形度检验	近似卡方	1885.210
	df	120
	Sig.	0.000

2. 结果汇总和因子命名

在探索性因子分析过程中,本书采用 SPSS 对 137 份数据进行探索性因子分析。本书采用主成分法抽取共同因子,对具有良好鉴别度的 30 道条目进行因子分析,再以最大变异法(Varimax Solution)进行共同因子正交旋转处理,以因子载荷大于 0.4 为标准。吴明隆(2010)认为,在进行因子分析时,有两个非统计学导向(判断是否抽取了足够多的因子)被广泛使用,它们是特征值法则和碎石检验。Kaiser(1960)坚决要求,不能保留特征值 1.0 的因子(因子所负荷的信息比一个典型的题项还要少)。基于特征根大于 1 的方法抽取主成分,抽取结果为 4 个公因子,累积方差贡献率为 80.711%(见表 7-17 和表 7-18)。

表 7-17 解释的总方差

旋转平方和载入		
合计	方差(%)	累计(%)
3.859	24.116	24.116
3.274	20.462	44.579
3.191	19.946	64.524
2.590	16.187	80.711

表 7-18 为转轴后的因子矩阵。采用最大变异法进行直交转轴,每个题项的因子载荷率都很高,累积方差贡献率达到 80.71%。

表 7-18 旋转成分矩阵 a

	成分			
	1	2	3	4
c3	0.852			
c2	0.809			
c1	0.808			
c4	0.805			
c5	0.784			
d3		0.879		
d2		0.875		
d1		0.791		
d4		0.789		

续表

	成分			
	1	2	3	4
z4			0.831	
z3			0.818	
z5			0.771	
z2			0.767	
j5				0.836
j4				0.810
j1				0.768

注：提取方法：主成分。

在上述探索性因子分析过程中，依次删除了 z1、j2、j3、z6。删除的理由如下：一是集团主导产业在其所处行业中的竞争地位一般情况显然是比其他产业单元领先；二是集团主导产业的净资产利润率、总资产贡献率作为衡量集团之间竞争力的指标并不受到实业界的认可，原因是这两项指标的真实数据都难以获取；三是内部净现金流贡献占比高的产业不一定是主导产业，原因是净现金流贡献与行业本身的特征有关。最终，本书删除 z1、j2、j3、z6 四个因子后得到集团公司主导产业属性维度测量调查表（详见附录三）。

通过探索性因子分析得到集团公司主导产业属性的四个维度分别是：成长性、支撑性、竞争力与带动性。其中，成长性、支撑性是从集团公司主导产业对集团总部的贡献角度来反映其属性；带动性是从主导产业对其他产业单元产生的作用角度来反映其属性；竞争力是从主导产业与同行竞争对手相比较而言。上述四个因素主要是从内外因素来反映主导产业的属性。

（五）修正后问卷的信度与效度分析

1. 信度分析

信度是指问卷测试结果的一致性和稳定性。对于信度的检验通常可以用内部一致性信度、分半信度以及重测信度等指标来实现。在本书中主要采用第一种信度指标进行检验。内部一致性信度系数检验发现：删除 z1、j2、j3、z6 四个因子后，内部间一致性系数 Cronbach's $\alpha = 0.938$；由此得出各维度测量题项间的一致性仍然较高,具有很高的可信度。四个因子的内部一致性信度检测值(Cronbach's Alpha)介于 0.914~0.922。所以,本问卷可以通过信度检验,具有较高的内部一致性信度。

2. 效度分析

效度是指一个问卷实际能够测出其所要测量的变量的程度。判断效度主要可以从内容效度、结构效度以及校标关联效度三个方面展开,本书在利用所收集开放的问卷进行预测试阶段主要通过内容效度和结构效度来进行问卷的效度分析。

从内容效度来看,内容效度涉及问卷中条目设计的充分性问题。就本书而言,条目是经过文献研究、企业访谈而得到的,因此,这在一定程度上保证了取样的充分性。此外,内容效度的确定方法主要是逻辑分析,其思路是请有关专家对问卷中的条目与操作性定义的吻合程度进行判断,引入 CVR = (ni - N/2)/(N/2) 公式判断评价的一致性程度,从而最大化保证了条目适应性。

从结构效度来看,结构效度是指一个测量能够在多大程度上正确地验证编制测量的理论构想。结构效度涉及一个变量与其他变量之间的测量关系,表现了所欲测量结构与已经建立的其他结构之间的相关程度。本书构建集团公司主导产业属性问卷的四个因子对方差的累计解释率达到 80.71%,且各条目含义清楚、可解释性强。另外,因子与总问卷之间的相关介于 0.549~0.804,呈中、高度相关,这说明各个维度对各个相应的特质具有较高的区分度,条目具有较好的区分度(相关系数具体情况请参见表 7-19)。

表 7-19 问卷题项的总计统计量

Cronbach's Alpha 值	主导产业各维度	项已删除的刻度均值	项已删除的刻度方差	校正的项总计相关性	项已删除的 Cronbach's Alpha 值
0.922	c1	49.14	179.973	0.678	0.952
	c2	48.96	180.425	0.695	0.951
	c3	48.78	179.261	0.708	0.951
	c4	48.65	184.391	0.549	0.954
	c5	48.82	180.121	0.700	0.951
0.914	j1	48.96	177.903	0.686	0.952

续表

Cronbach's Alpha 值	主导产业各维度	项已删除的刻度均值	项已删除的刻度方差	校正的项总计相关性	项已删除的Cronbach's Alpha 值
0.914	j2	48.88	179.045	0.767	0.950
	j3	48.88	176.404	0.804	0.950
	j4	49.03	177.514	0.762	0.950
	j5	49.03	178.337	0.720	0.951
0.917	z1	49.14	179.444	0.779	0.950
	z2	49.09	180.213	0.707	0.951
	z3	49.04	179.830	0.730	0.951
	z4	48.96	182.160	0.692	0.952
	z5	48.88	180.889	0.733	0.951
	z6	49.07	182.547	0.681	0.952
0.920	d1	49.22	184.466	0.612	0.953
	d2	49.20	184.017	0.630	0.952
	d3	49.20	184.370	0.608	0.953
	d4	49.32	183.102	0.675	0.952

第二节 集团公司主导产业培育途径分析

集团公司主导产业的选择与培育使集团能更加明确地集中资源发展主业，充分释放主导产业发展潜力。集团主导产业若能持续不断地获得投资，不断适应外界环境变化，始终保持成长性、富有竞争力，则能促进集团实现可持续成长。本节对主导产业培育的战略途径及战略手段进行分析。

一、集团公司主导产业培育战略途径

主导产业培育的目标是培育出集团第一个主导产业，建立起集团的核心竞争力。集团在完成资源初始积累后，通过实施主导产业培育战略，培育出集团第一

个主导产业单元。集团核心竞争力与集团目前所拥有的资源、过去的经验和积累资源与经验的路径等有关,也与集团长期从事某一产业领域有关。通过培育主导产业,不仅有助于形成基础能力,还可将集团公司发展水平提升到一个新高度。实施主导产业培育战略的集团需具备以下条件:一是集团已拥有一定的实力,具备培育主导产业的资源与能力;二是集团已从众多产业单元中选出了主导产业,拥有可培育的对象。

(一)单一产业培育

为培育主导产业,集团公司将经营范围聚焦于主导产业。集团通过实施市场渗透、市场开发、产品开发等业务策略,将资源与精力集中到主导产业的核心业务上。在集中发展某一产业领域的核心业务过程中,集团逐步在经营管理、技术、产品、销售、服务等方面形成自身的特色与优势。集团选择单一产业培育、实施专业化发展,具有以下益处:一是根据劳动分工原理,其他条件不变,单纯的专业化生产作业能提高生产力水平;二是专业化有利于实现规模经济效益;三是专业化有利于建立具有特色的竞争优势。该途径适用于主导产业培育过程中各类生产要素与产业发展配套资源容易从外部市场获得的情形。比如海尔集团在培育家电产业这一主导产业时,选择了单一产业培育途径。

(二)纵向一体化培育

在集团主导产业外部配套产业发展不完善的情况下,集团进入主导产业的上下游产业或相关联产业,通过多产业经营来获得难以通过市场化方式获取的相关生产要素。在外部市场有效性低的环境下,实施纵向一体化培育具有以下优点:其一,作为克服市场不完善性的安排,纵向一体化可降低交易成本;其二,可通过控制价值链上重要的资源和能力,提高市场竞争力和影响力;其三,通过内部整合,防止技术和重要信息外泄露。通过产业组合经营来培育主导产业也是众多集团选择的途径。比如大连万达集团在培育商业地产的过程中,进入了商业地产规划设计、商业管理、零售业等产业链的上下游产业,全力支持商业地产发展,最终取得成功。

二、集团公司主导产业培育战略手段

限于文章篇幅,本书的战略手段主要针对生产型主导产业的培育。服务型主导产业的培育将在后续研究中开展。

(一)单一产业培育的战略手段

产业单元的成长路径有基于品牌、基于产品与市场开发、基于并购、基于国际化、基于技术等。因此,产业单元培育的战略手段主要有以下几种:

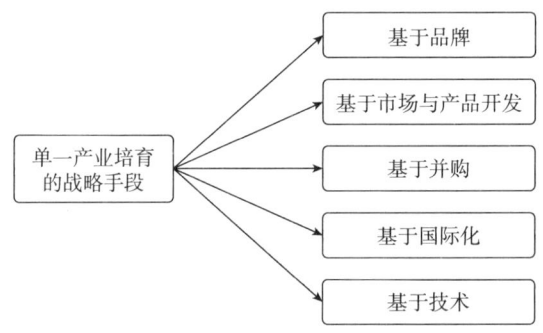

图 7-1 单一产业培育战略手段示意图

1. 基于品牌的成长

集团通过培育核心业务的品牌,从而提升主导产业的品牌形象和企业信誉,并形成主导产业持续的发展能力。

其一,发展自有品牌。发展自有品牌更多是针对 B2C(企业对消费者)品牌。因为 B2C 产业单元的竞争更加激烈,要保持与消费者的沟通互动,打动消费者,培育自身品牌是必不可少的。很多 B2B(企业对企业)并不直接面对终端消费者,此时是否需塑造品牌需企业仔细权衡。倘若中间的企业数量不多,这时应重视客户关系、性价比、交货期等关键因素。当中间企业数量巨大,行业又存在一定的竞争性时,集团可跳过中间商,通过对终端消费者的影响,对中间商产生拉力,即所谓的"B2C2B"手段塑造品牌。

其二,集团可在委托加工(OEM)和原始设计制造(ODM)的基础上,发展自己的品牌（OBM）。在产业分工体系中，从 OEM 到 ODM 再到 OBM，实际上是伴随着集团的不断学习和进步，在产业链上占据不同位置的过程。从 OEM、ODM 向 OBM 转化，需要强化学习和组织能力，它是集团主导产业核心竞争力形成的重要标志。

其三，集团可通过收购外国品牌来培育自身品牌。自创品牌周期太长，在生产、渠道和服务等方面投入的费用过高，风险较大。收购国外品牌是降低风险、快速提升品牌的一种方式。但是，并购也面临着财务、文化融合等风险。比如，大连万达集团在发展文化旅游产业的过程中，通过收购国际著名品牌企业，来快速提升产业的竞争力与影响力。

2. 产品与市场开发

其一，规模化成长。规模化成长是同一业务原有市场的扩大或新市场的开拓，这种成长可以给集团带来规模经济。随着生产规模的扩大，同样产品的单位成本低于原来生产规模较小时的单位成本。在一定技术条件下，当生产规模达到一定程度时，集团各方面的优势已充分发挥出来，集团的规模收益会保持不变。倘若进一步扩大规模，会导致产品单位成本的提高，即规模收益递减。集团通过开发适销对路的产品，通过各种营销手段，迅速扩大销量，实现规模化发展。比如格兰仕集团在发展微波炉业务时就实施了规模化发展手段，并取得成功。

其二，发展利基市场。康荣平（2003）认为，利基战略是指企业选定一个很小的产品或服务领域，集中力量进入并成为领先者，从当地市场到全国再到全球，同时建立各种壁垒，逐渐形成持久的竞争优势。集团以一个较小的利基产品，逐渐占领宽广的地域市场。在此过程中，集团应高度重视质量，长期坚持质量领先，在客户中形成持久的信誉，在产品质量与服务顾客方面创造竞争优势。此外，集团可通过多种途径建立壁垒。比如长期的质量信誉累积形成的品牌效应，由学习曲线、规模经济形成的成本领先等。利基战略是以专业化战略为基础的一种复合战略，也是培育核心业务，进而培育主导产业的一种手段。

3. 实施并购

集团并购是集团以现金、证券或其他形式购买取得其他企业的部分或全部资产或股权，以取得对该企业控制权的一种经济行为。集团通过实施并购，迅速扩展资本规模，实现跳跃式发展，同时也可集中资源走规模化、集约化道路。集团通过横向并购活动,既可提高市场占有率,又可增加对市场的控制力。在需求下降、生产能力过剩的情况下,集团通过并购可取得产业发展的有利竞争位势;在国内市场遭受外国企业强烈渗透和冲击的情况下,集团可能通过并购以对抗外来竞争。通过并购方式获得目标企业的核心能力,然后将并购企业的关键隐性知识实现内部显性化,是集团培植核心竞争力的重要手段。

4. 进行国际化

集团通过国际化来培育主导产业,通常首先进行产品出口,积累国际贸易经验、熟悉市场、在海外市场有了品牌知名度以后,再逐步开展合资、合作乃至独资、战略联盟、跨国并购等。集团应根据市场情况来选择国际化的具体经营方式。集团进行海外独资的优点是拥有经营自主权,可与母公司保持密切联系,利于控制自己的技术和工艺,也可减少或避免因合作经营而产生的矛盾与冲突。但它对集团管理的要求较高,存在的风险较大。收购或兼并国外企业有利于自己的资金优势和国外公司发达的营销网络,实行跨国经营,可将自己的产品尽快地推向国际市场。比如,海尔集团通过国际化战略,进一步巩固了其家电产业的主导产业地位。

5. 基于技术的成长

集团为满足利基市场的需求特点,应首先形成自主的产品概念。在此基础上,通过技术学习促进技术能力的成长。为进入主流市场,集团将在利基市场获取的技术资源投入持续的研究开发,并通过利用外部的技术资源,开发出技术性能提高、适用面扩展的产品,然后向相关的技术领域渗透,实现市场拓展与技术能力成长的良性互动。在此过程中集团可逐步形成自身的核心技术能力。开发核心产品、建立市场领先地位核心业务是核心竞争力的重要载体。开发核心产品有利于集团主导产业在激烈市场竞争中取胜。此外,集团应掌握核心技术。核心技术在不同产品中表现为专利、产业标准等不同形式的知识。这类技术可重复使用,具有连续增长、报酬递增的特征。

(二) 纵向一体化培育的战略手段

1. 发展下游产业支持主导产业培育

集团以主导产业为基础,生产经营范围沿经营链条向前延伸,使集团的业务更接近终端客户。对于拥有强大渠道的集团,可选择向下游发展的路径。制造型集团若想抓住下游市场的商机,应将产品销售看作是一种手段,为未来提供服务打开大门。制造企业须从客户的角度来看待价值链,分析整个产品生命周期中客户在使用和保养产品方面进行的各种活动。成功的下游经营模式通常可以分成四种类型:一是嵌入式服务,二是综合服务,三是一体化解决方案,四是控制分销环节。对于只供应零部件的企业,可选择嵌入产品的途径,即由提供单个零部件到提供更多的零部件,甚至产品组装。

2. 发展上游产业支持主导产业培育

集团以主导产业为基础,生产经营范围沿经营链条向后延伸,发展原有业务的配套供应项目。对于资源紧缺型的行业,有条件的集团可以发挥本地优势,采取基于资源获取的战略,即进入战略性资源。一旦掌握了战略性资源,集团在主导产业的市场竞争中就可以处于有利地位。此外,上游往往是利润相对丰厚、竞争缓和的行业。其原因是,上游往往掌握着某种资源,比如矿产或核心技术,具有较高的进入壁垒。集团纵向并购可以通过对大量关键原材料和关键技术的控制,提高集团主导产业的进入壁垒和差异化竞争优势。

集团可综合运用以上两种战略手段,通过发展产业链来培育主导产业。大连万达集团在培育商业地产时,综合运用了以上两种手段,既发展上游的商业规划设计与管理产业,也发展下游的零售业、文化产业,取得了良好成效。

(三) 风险及防范

1. 单一产业培育途径的风险及防范

单一产业培育存在的风险有:将所有资源与能力集中于单一产业领域,使集团经营缺乏灵活性,在适应市场变化方面弹性不足,从而增加企业经营的风险。比如,一旦行业环境发生变化,集团所拥有的单一优势就会丧失,可能会陷入没有退路的困境。为防范上述风险,集团在选择主导产业前应进行全面、深入、细致的调研与分析,准确把握产业的政策、市场需求及竞争态势等发展趋势。对可能出现的政策风险、市场风险等提前进行预判,并做好应对预案。

2. 纵向一体化培育途径的风险及防范

纵向一体化主要通过降低产业链上下游各环节之间交易费用的方式,加强集团在行业中的市场地位与竞争优势。该战略的风险有:较大的资本需求可能会引起集团的财务资源紧张,较高的固定资产投资及退出障碍会造成设备更新困难等问题,集团活动涉及多个产业链环节之间的能力平衡协调等。为防范上述风险,集团实施纵向一体化培育前要准备足够的资金,并且要夯实管理基础,提升集团的内部协调管理能力。

第三节 本章小结

本章研究集团主导产业的属性维度及培育。集团公司主导产业主要具有成长性、竞争力、支撑性、带动性四个维度的属性;成长性、支撑性是从主导产业对集团总部的贡献角度来反映其属性;带动性是从主导产业对其他产业单元产生的作用角度来反映其属性;竞争力是从主导产业与同行竞争对手相比较而言。本章通过问卷调查收集数据,对主导产业属性维度进行实证分析。集团主导产业培育的战略途径包括单一产业培育与纵向一体化培育。单一产业培育的战略手段有基于品牌成长、产品与市场开发、并购、国际化、基于技术成长;纵向一体化培育的战略手段有发展下游产业、发展上游产业、发展产业链三种。

第八章 本书总结

本书以集团公司为研究对象,通过文献研究、探索性案例研究、规范性分析,构建集团公司产业生态系统概念模型,分析集团公司产业生态系统运行机理以及产业组合战略演进的过程、规律及动力,并通过问卷调查方法与案例分析验证部分理论,实现了预期研究目标。

第一节 主要研究结论

围绕既定研究目标、按照既定研究框架,通过研究主要得到以下结论:

第一,本书深入研究了集团公司产业生态系统的内涵、动因及模型构建问题。在回顾集团公司定义及特征的基础上,界定了集团公司产业生态系统的内涵,即集团公司产业生态系统是指集团公司内部产业单元之间以及产业单元与集团总部之间相互作用、相互影响而形成的一个整体性系统。该系统具有可持续成长性与生态系统特性。本书从企业生态学角度与竞争优势理论角度解释了集团产业生态系统的产生动因。集团公司产业生态系统由内部要素与外部要素构成。其中,内部要素包括集团总部、主导产业、平台产业以及非主导非平台(含压舱石、蓝宝石、放大器、稳定器)产业;外部要素包括宏观经济环境、区域环境、产业环境及市场环境。集团产业生态系统内部各要素之间、内部要素与外部要素之间相互作用、相互影响,不断演化发展。

第二，本书深入研究了集团公司产业生态系统的运行机理问题。在文献研究和探索性案例分析的基础上，结合企业成长理论、组合战略相关研究等研究成果，提出揭示集团公司产业生态系统运行机理的"HC–S–PV模型"。集团总部首先应根据自身能力，结合外部环境，构建适合自身的产业组合，然后对各产业单元进行产业定位，并根据产业定位提供资源与实施管控。为发挥集团组合优势，集团总部进行产业协同管控、提供产业平台，帮助各产业单元更好地发挥自身作用、创造并实现组合价值。集团公司组合价值包括财务可持续、业务可持续、非财务非业务可持续三种价值。集团总部实现组合价值以后，又通过构建新的产业组合来促进集团持续发展。集团公司通过实施产业组合战略、产业协同战略、产业平台战略来实现组合价值。

第三，本书深入研究了集团公司产业组合战略演进的过程、规律及动力问题。随着集团公司的发展，产业组合战略也随之变化，即从主导产业培育转变为主导产业关联组合，然后进入主导产业非关联组合。集团能力演进过程表现为"基础能力导向—核心能力导向—动态能力导向"。集团公司能力演进决定集团产业组合战略演进。当集团能力处于基础能力导向阶段时，集团应选择主导产业培育战略；当集团能力处于核心能力导向阶段时，集团可选择主导产业关联组合战略以及主导产业培育战略；当集团能力处于动态能力导向阶段时，集团可选择主导产业非关联组合、主导产业关联组合及主导产业培育等战略。从组织学习角度出发，集团公司应综合运用文化变革、组织变革、制度变革以及技术变革四项策略来培育自身动态能力，为产业组合战略演进提供持续的动力。

第四，本书深入研究了集团公司主导产业的属性维度及培育问题。通过文献研究得出集团公司主导产业具有成长性、竞争力、支撑性、带动性四个特征。本书通过问卷调查收集数据，对主导产业属性维度进行探索性因子分析，得出集团公司主导产业属性的四个维度。成长性与支撑性维度是从主导产业对集团的贡献角度来反映其特征；带动性维度是从主导产业对其他产业单元的作用角度来反映其特征；竞争力维度是从主导产业与同行竞争对手相比较而言。集团培育主导产业的途径包括单一产业培育与纵向一体化培育。其中，单一产业培育的战略手段有基于品牌成长、产品与市场开发、并购、国际化、基于技术成长；纵向一体化培育的战略手段有发展下游产业、发展上游产业、发展产业链三种。

第五，本书展示了集团公司产业组合战略演进理论的实践价值。本书选取了新希望集团作为研究对象，运用集团公司产业组合战略演进的过程、规律及动力理论，分析该集团产业组合战略演进，通过经营实例展现了集团产业组合战略演进理论在管理实践中的运用。案例分析结果显示，新希望集团的产业组合战略演进遵循"主导产业培育战略—主导产业关联组合战略—主导产业非关联组合战略"的演进过程。在发展过程中，新希望集团通过文化变革、组织变革、技术变革与制度变革来提升集团能力。新希望集团能够取得持续健康发展，与其拥有很强的环境感知、组织学习、变革创新、资源整合重置等能力紧密相关。

第二节 主要研究创新

本书是在组合战略相关研究等已有研究成果基础上进行的一次新探索，较好地实现了研究角度与研究理论的创新。研究角度创新体现在：首次提出并构建集团公司产业生态系统，并基于产业生态系统研究产业组合战略的演进；理论创新体现在提出了集团公司产业生态系统概念模型及运行机理模型、产业组合战略演进规律模型。

本书的具体创新点主要体现在以下三个方面：

第一，构建集团公司产业生态系统概念模型。以企业生态学理论与企业成长理论为理论基础，吸收借鉴组合战略相关研究成果，创新性地构建了集团产业生态系统概念模型，即"GCIE 模型"。"GCIE 模型"的内部要素包括集团总部、主导产业、平台产业以及非主导非平台产业；非主导非平台产业分为压舱石、蓝宝石、放大器与稳定器四种类型。上述产业单元分类有利于集团应对宏观经济波动、克服产业生命周期、提升组合优势以及把握外部发展机会。"GCIE 模型"的外部要素包括宏观经济环境、区域环境、产业环境及市场环境。基于集团总部价值创造，运用"能力—战略—绩效"分析框架，提出揭示集团产业生态系统运行机理的"HC－S－PV 模型"。根据"HC－S－PV 模型"，集团总部首先应根据自身能力，结合外部环境，构建适合自身的产业组合，然后对各产业单元进行产业定位，并根据产业定位提供资源与实施管控；集团总部进行产业协同管控、提供产业平台，帮助各产业单元更好地发挥自身作用、创造并实现组合价值。

"GCIE 模型"可为集团公司提供与管理实践联系更加紧密的产业布局分析框架。

第二,提出揭示集团公司产业组合战略演进规律的"双演进"模型。在探索性案例研究及文献研究基础上,提出集团产业组合战略演进规律"双演进"模型。随着集团公司能力的演进,产业组合战略也随之变化。集团公司产业组合战略演进过程表现为"主导产业培育—主导产业关联组合—主导产业非关联组合";集团公司能力演进过程表现为"基础能力导向—核心能力导向—动态能力导向"。集团公司能力演进决定集团产业组合战略演进。当集团能力处于基础能力导向阶段时,集团公司应选择主导产业培育战略;当集团能力处于核心能力导向阶段时,集团公司可选择主导产业关联组合与主导产业培育战略;当集团能力处于动态能力导向阶段时,集团公司可选择主导产业培育、主导产业关联组合、主导产业非关联组合战略。

第三,提出集团公司主导产业属性的成长性、竞争力、支撑性与带动性维度。在综合分析企业成长理论及主导产业理论基础上,提出集团公司主导产业概念及其属性维度。基于文献研究提出集团公司主导产业的特征。围绕主导产业各特征分别收集量表,并进行探索性因子分析,分析得出集团公司主导产业属性具有成长性、竞争力、支撑性与带动性四个维度。集团公司主导产业的属性维度的提出为集团公司培育主导产业提供了更加明确的方向。

第三节 管理实践建议

管理理论来自对现实事物发展的认知过程,管理学研究更加注重其对现实具有可操作性的理论总结。本书不仅在理论上拓展了有关集团公司成长及集团公司产业组合战略的认识,对集团公司经营管理实践也有重要启示。基于本书的研究结论,对集团公司实施产业组合战略、实现持续成长提出以下具体建议:

第一,高度重视集团公司主导产业的选择与培育,充分发挥其在集团公司内部的支撑与带动作用。集团公司应牢固树立"追求可持续成长的集团应至少拥有一个主导产业"的理念。在集团公司成长过程中,始终做到发展有重心,更好地集中资源与精力于主导产业的选择与培育上,充分释放主导产业发展潜力。同时,充分发挥主导产业所具备的资源与能力优势,带动更多产业健康发展。此外,集团公司可运用本书提出的主导产业属性测量表,定期对主导产业的成长性、竞争力、支撑性与带动性进行评估,及时研判集团主导产业发展态势。一旦发现主导产业缺乏成长性,应及时选择和培育新的主导产业。集团公司在早期发展均希望尽快做大、做强,追求发展速度、扩大收入规模。然而,集团发展应以主导产业尤其是主导产业中的核心业务作为发展重点。集团应该制定符合自身特色、具有前瞻性的集团发展规划,主导产业的培育应建立在核心业务的发展基础上,核心业务应建立在核心产品的发展基础上。通过核心业务的发展,逐渐形成集团的核心专长,确立集团的核心竞争力。

第二,应以集团主导产业为基础来建设集团公司产业生态系统,适应不断变化的外部环境。集团公司应洞察经济社会与产业发展大势,以集团主导产业为基础,依靠集团总部与主导产业的资源与能力优势发展其他产业单元。通过发展平台产业、压舱石产业、放大器产业、蓝宝石产业、稳定器产业等,不仅形成高度关联的产业生态系统,而且实现经济周期性较强产业与经济周期性较弱产业的有机组合。同时,集团所选择的多数产业应具有广阔发展前景。通过持续完善集团产业生态系统,提高集团的环境适应能力,促进集团持续成长。在选择新进产业时,集团应根据市场状况、行业发展周期、产业发展态势、企业自身优势等因素综合考虑。当市场环境相对稳定,行业处于发展期或成熟期,实行产业多元化经营对已有核心能力具有互补效应时,应选择主导产业关联组合战略,充分利用主导产业拥有的能力、品牌效应、营销网络、人才队伍等优势。为有效控制风险,集团应对拟进入产业进行准确的市场分析,选择合适的行业切入点,避免盲目追逐高额利润。同时,集团拟进入的应是能够掌握其核心能力的产业,以免始终处于市场跟随者的地位,陷入做不大、做不强的困境。

第三,集团公司成长应遵循"主导产业培育—主导产业关联组合—主导产业非关联组合"的组合战略演进过程,实现稳步、健康、可持续发展。集团公司在发展过程中,应深入践行可持续发展的理念,首先培育出集团公司第一个主导产业。在此基础上,充分发挥主导产业所拥有的优势,发展与主导产业相关联的产业。包括万达集团、新希望集团在内的众多集团公司之所以能实现持续、健康、快速发展,都是因为它们充分发挥了自身主导产业的优势。当集团公司动态能力培育到较高水平后,可根据外部机遇发展非关联产业。在发展与主导产业非关联产业时，应充分利用集团总部已形成的环境感知、组织学习、资源整合重置以及变革创新等能力。多元化企业集团内部多业务领域的产品比单一产品管理需要更多的知识和经验，多元化的渐进扩张反映着企业集团战略认识的改变和能力的扩张，有助于企业集团提升组织管理能力，建立不同市场和不同项目之间共享的基础资源、品牌和技能，实施单一企业难以启动的大型直接投资或并购。只有在客观评价自身实力、发展潜力以及主导产业得以充分发展的基础上，集团才进入新产业领域，通过主导产业带动相关产业发展。

第四，注重集团总部能力建设，尤其是集团总部动态能力的提升。集团公司能力强弱决定了集团公司战略选择，进而影响集团公司发展绩效。因此，集团公司在发展过程中应始终重视提升集团能力。通过实施文化变革、组织变革、技术变革和制度变革等策略，持续提升集团的环境感知、组织学习、资源整合以及创新变革等能力。集团公司只有拥有足够的知识和能力，才能较好地把握集团的发展轨迹，无论是实施主导产业关联组合战略还是主导产业非关联组合战略，都更容易获得成功。集团总部还须拥有良好的管控能力。按照Goold（1991）的观点，正式的战略控制过程包括以下阶段：产业单元根据竞争地位提出长期战略目标，与总部协商一致后制订年度运营计划；总部通过预算或经营计划，对业务单位的战略结果实施监控；激励产业单元经营层将个人收益与获得的战略目标联系起来。集团总部需要高度关注产业单元与战略，寻求控制模式与产业单元发展模式之间的匹配。

第四节　研究不足与展望

本书是对集团公司产业生态系统、集团产业组合与主导产业的探索性研究。受研究能力、研究条件以及研究时间等制约，本书仍存在以下不足：

第一，研究深度需进一步加强。本书比较注重概念界定、运行机理、属性维度分析等基础内容的研究，对理论探索的深度有待进一步加强。比如，产业组合战略演进规律下的典型演进模式、集团公司主导产业属性维度测量问卷的验证性检验等需进一步深入探讨。

第二,研究样本量比较有限。徐鹏、陈欣和白贵玉(2014)认为,相对于管理学科其他研究方向,集团公司的研究存在进入壁垒高、工作量大、难以大样本调查进行实证分析等难点。此外,集团公司产业组合战略演进相关命题的验证需对样本企业进行纵向分析,花费的时间与精力多。上述原因使本书的样本量不够大,在验证研究命题方面还有较大的改进空间。

针对上述不足,为进一步丰富基于产业生态系统的集团公司战略,笔者将在未来的工作与学习中改进本书存在的不足,努力将研究成果应用于集团公司的战略管理实践,并通过企业实践进一步检验和完善集团公司产业组合战略演进的理论体系。

附　录

附录一　五粮液集团公司实地调研访谈提纲

1. 贵集团各产业板块在"十一五"发展中取得了哪些重大成就？具体表现？促成这些成就的原因是什么？

2. 贵集团各产业板块"十一五"发展状况如何？各产业板块还存在哪些问题？具体表现？导致这些问题的原因是什么？

3. 请结合全国（乃至全球）产业的发展现状，谈谈贵集团各产业未来3~5年（以及更长时期）的发展趋势（发展空间、增长速度等）。

4. 贵集团各产业板块未来3~5年（以及更长时期）将面临的机遇有哪些？具体表现？

5. 贵集团各产业板块未来3~5年（以及更长时期）将面临的挑战有哪些？具体表现？

6. 在现有的产业环境中，贵集团各产业板块经营状况如何？在行业中的地位如何？公司在行业中有什么优势、劣势（规模、技术、工艺情况；产品、品牌、服务情况；财务、人才、内部管理情况）？

7. 贵集团下属各产业之间的关联程度如何？若关联度大，相互之间的协作配合效果如何？

8. "十一五"期间及最近两年，贵集团各产业板块在投资与资产运作方面实施了哪些举措？结果怎样？未来三年，各产业板块是否还有投资及资产运作打算？

9. 在未来三年中，各产业板块发展需要集团提供哪些重要支撑和基本保障？

附录二　集团公司主导产业属性调查初始问卷

第一部分　集团公司概况

一、核心名词解释

1. 集团公司产业组合。指集团公司为实现可持续发展而进行产业多元化经营的战略行为。

2. 集团公司主导产业。指市场规模大且竞争力强、能为集团贡献大部分收入与利润，并能带动集团其他产业发展，在集团可持续发展过程中发挥支撑和带动作用的产业单元。

二、集团主导产业举例

比如，大连万达集团的主导产业是商业地产；海尔集团的主导产业是家电产业；五粮液集团的主导产业是酒业。

1. 贵集团从创建至今，已有多少年？（　　　）
A. 5 年以下　　　B. 6～10 年　　　C. 11～20 年　　　D. 20 年以上

2. 贵集团的组建方式属于以下哪一种？（　　　）
A. 自然成长型：企业因产业多元化或跨地域经营等自身发展需要而组建集团公司
B. 政府组建型：企业因受政府政策或意志影响而组建集团公司
C. 其他

3. 贵集团的主业属于以下哪种行业类型？（　　　）

A. 生产制造类　　B. 服务类　　　C. 农林牧渔类　　D. 其他

4. 贵集团旗下目前一共有多少个产业单元？（　　）

A. 1个　　　　　B. 2个　　　　　C. 3个　　　　　D. 4个

E. 5个　　　　　F. 6个及以上

5. 贵集团的所有权性质属于以下哪一种？（　　）

A. 国有独资或控股　　　　　B. 民营独资或控股

C. 外国独资或控股　　　　　D. 其他

6. 贵集团经营的地域范围主要是（　　）。

A. 集团总部所在省份　　　　B. 中国西部地区

C. 中国大陆地区　　　　　　D. 中国大陆及海外

7. 您认为贵集团的经营管理模式属于以下哪一种？（　　）

A. 资本经营型：集团总部仅仅负责对各成员企业的股权与集团对外投资管理

B. 产业经营型：集团总部本身开展产业经营活动，同时对各子公司的生产经营活动进行管理

C. 混合型：集团公司在进行资本经营的同时也进行产业经营管理

8. 目前贵集团主导产业的发展属于以下哪一种情况？（　　）

A. 集团尚未形成市场规模大、竞争力强的主导产业

B. 集团主导产业已形成，目前正在带动集团其他产业发展

C. 集团已形成多个市场规模大、竞争力强的产业

9. 贵集团主导产业目前处于其产业生命周期的哪个阶段？（　　）

A. 导入期　　　B. 成长期　　　C. 成熟期　　　D. 衰退期

10. 您在贵集团中的职位属于（　　）。

A. 高层　　　　B. 中层　　　　C. 基层

第二部分　集团公司主导产业的属性测量

说明：集团公司主导产业是指市场规模大且竞争力强、能为集团贡献大部分收入与利润，并能带动其他产业发展，在集团可持续发展中发挥支撑和带动作用的产业单元。

请根据集团主导产业的定义，结合贵集团主导产业的实际情况或您个人的看法，对以下关于"集团主导产业属性维度"的描述进行评判。

测量题项	完全同意		→		完全反对
(1) 与同行主要对手相比，集团主导产业近三年内的销售收入增长速度更快	5	4	3	2	1
(2) 与同行主要对手相比，集团主导产业近三年内的市场份额增长更快	5	4	3	2	1
(3) 与同行主要对手相比，集团主导产业近三年内的利润增长速度更快	5	4	3	2	1
(4) 与同行主要对手相比，集团主导产业近三年内员工人数增长更快	5	4	3	2	1
(5) 与同行主要对手相比，集团主导产业近三年内的资产总额增长速度更快	5	4	3	2	1
(6) 与同行主要对手相比，集团主导产业占有的市场份额更多	5	4	3	2	1
(7) 与同行主要对手相比，集团主导产业的净资产利润率（税后利润除以净资产的百分比）更高	5	4	3	2	1
(8) 与同行主要对手相比，集团主导产业的总资产贡献率（利润总额、税金总额、利息支出三者之和除以平均总资产的百分比）更高	5	4	3	2	1
(9) 与同行主要对手相比，集团主导产业的市场影响力更大	5	4	3	2	1
(10) 与同行主要对手相比，集团主导产业的社会影响力更大	5	4	3	2	1
(11) 与集团其他产业相比，主导产业目前的行业竞争地位更加领先	5	4	3	2	1
(12) 与集团其他产业相比，主导产业近三年内的集团内部收入占比更高	5	4	3	2	1

续表

测量题项	完全同意	→			完全反对
(13) 与集团其他产业相比,主导产业近三年内的集团内部利润占比更高	5	4	3	2	1
(14) 与集团其他产业相比,主导产业近三年内的集团内部新增收入占比更高	5	4	3	2	1
(15) 与集团其他产业相比,主导产业近三年内的集团内部新增利润占比更高	5	4	3	2	1
(16) 与集团其他产业相比,主导产业近三年内的集团内部净现金流贡献占比更高	5	4	3	2	1
(17) 与集团其他产业相比,主导产业的集团内部产业关联度更高	5	4	3	2	1
(18) 主导产业发展对集团其他相关联产业的收入增长具有明显的带动作用	5	4	3	2	1
(19) 主导产业发展对集团其他相关联产业的竞争力提升具有明显的促进作用	5	4	3	2	1
(20) 主导产业发展对集团整体竞争力的提升具有明显的促进作用	5	4	3	2	1

集团公司产业生态系统构建及组合战略演进

附录三 集团公司主导产业属性调查修正问卷

第一部分 集团公司概况

一、核心名词解释

1. 集团公司产业组合。指集团公司为实现可持续发展而进行产业多元化经营的战略行为。

2. 集团公司主导产业。指市场规模大且竞争力强、能为集团贡献大部分收入与利润,并能带动集团其他产业发展,在集团可持续发展过程中发挥支撑和带动作用的产业单元。

二、集团主导产业举例

比如,大连万达集团的主导产业是商业地产;海尔集团的主导产业是家电产业;五粮液集团的主导产业是酒业。

1. 贵集团从创建至今,已有多少年?(　　)
A. 5 年以下　　　　　　　B. 6～10 年
C. 11～20 年　　　　　　 D. 20 年以上

2. 贵集团的组建方式属于以下哪一种?(　　)
A. 自然成长型:企业因产业多元化或跨地域经营等自身发展需要而组建集团公司
B. 政府组建型:企业因受政府政策或意志影响而组建集团公司
C. 其他

3. 贵集团的主业属于以下哪种行业类型？（   ）

   A. 生产制造类　　　　　　　　B. 服务类

   C. 农林牧渔类　　　　　　　　D. 其他

4. 贵集团旗下目前一共有多少个产业单元？（   ）

   A. 1个　　　B. 2个　　　C. 3个　　　D. 4个

   E. 5个　　　F. 6个及以上

5. 贵集团的所有权性质属于以下哪一种？（   ）

   A. 国有独资或控股　　　　　　B. 民营独资或控股

   C. 外国独资或控股　　　　　　D. 其他

6. 贵集团经营的地域范围主要是（   ）。

   A. 集团总部所在省份　　　　　B. 中国西部地区

   C. 中国大陆地区　　　　　　　D. 中国大陆及海外

7. 您认为贵集团的经营管理模式属于以下哪一种？（   ）

   A. 资本经营型：集团总部仅负责对各成员企业的股权与集团对外投资管理

   B. 产业经营型：集团总部本身开展产业经营活动，同时对各子公司的生产经营活动进行管理

   C. 混合型：集团公司在进行资本经营的同时也进行产业经营管理

8. 目前贵集团主导产业的发展属于以下哪一种情况？（   ）

   A. 集团尚未形成市场规模大、竞争力强的主导产业

   B. 集团主导产业已形成，目前正在带动集团其他产业发展

   C. 集团已形成多个市场规模大、竞争力强的产业

9. 贵集团主导产业目前处于其产业生命周期的哪个阶段？（   ）

   A. 导入期　　　　　　　　　　B. 成长期

   C. 成熟期　　　　　　　　　　D. 衰退期

10. 您在贵集团中的职位属于（   ）。

    A. 高层　　　　B. 中层　　　　C. 基层

第二部分　集团公司主导产业的属性测量

说明：集团公司主导产业是指市场规模大且竞争力强、能为集团贡献大部分

收入与利润,并能带动其他产业发展,在集团可持续发展中发挥支撑和带动作用的产业单元。

请根据集团公司主导产业的定义,结合贵集团主导产业的实际情况,对以下关于"集团主导产业属性"的描述进行评判。

维度	测量题项	完全同意		→		完全反对
成长性	(1) 与同行主要对手相比,集团主导产业近三年内的销售收入增长速度更快	5	4	3	2	1
	(2) 与同行主要对手相比,集团主导产业近三年内的市场份额增长更快	5	4	3	2	1
	(3) 与同行主要对手相比,集团主导产业近三年内的利润增长速度更快	5	4	3	2	1
	(4) 与同行主要对手相比,集团主导产业近三年内员工人数增长更快	5	4	3	2	1
	(5) 与同行主要对手相比,集团主导产业近三年内的资产总额增长速度更快	5	4	3	2	1
竞争力	(6) 与同行主要对手相比,集团主导产业占有的市场份额更多	5	4	3	2	1
	(7) 与同行主要对手相比,集团主导产业的市场影响力更大	5	4	3	2	1
	(8) 与同行主要对手相比,集团主导产业的社会影响力更大	5	4	3	2	1
支撑性	(9) 与集团其他产业相比,主导产业近三年内的集团内部收入占比更高	5	4	3	2	1
	(10) 与集团其他产业相比,主导产业近三年内的集团内部利润占比更高	5	4	3	2	1
	(11) 与集团其他产业相比,主导产业近三年内的集团内部新增收入占比更高	5	4	3	2	1
	(12) 与集团其他产业相比,主导产业近三年内的集团内部新增利润占比更高	5	4	3	2	1

续表

维度	测量题项	完全同意		→		完全反对
带动性	(13) 与集团其他产业相比，主导产业的集团内部产业关联度更高	5	4	3	2	1
	(14) 主导产业发展对集团其他相关联产业的收入增长具有明显的带动作用	5	4	3	2	1
	(15) 主导产业发展对集团其他相关联产业的竞争力提升具有明显的促进作用	5	4	3	2	1
	(16) 主导产业发展对集团整体竞争力的提升具有明显的促进作用	5	4	3	2	1

附录四 万达集团发展历程简况

发展阶段	历程简介
发展初期 （1998~2000年）	• 通过旧区房屋改造起步。1988年企业成立之初，万达集团（以下简称万达）启动了大连市西岗区北京街旧城改造，在全国首创城市旧区改造的发展模式。20世纪90年代初期，万达年房产销售量占大连市房地产销售总量的两成以上，在大连房地产企业中脱颖而出 • 跨区域开发获得长足发展。万达从1993年开始走出大连、奔赴广州，实施跨区域开发战略。1993年，万达赴广州番禺开发侨宫苑小区，成为全国首家跨区域发展的房地产企业。1998年，万达迈出大规模跨区域发展的步伐 • 积极探索寻找新的增长点。为了寻找房地产之外的第二个重点发展产业，万达进入了多个产业领域，包括机电业、制造业、酒业和餐饮业。除了足球产业，万达与外资企业联合从事制造业
商业地产集中快速发展阶段 （2000~2005年）	• 探索发展，创新模式，初见成效。2000年，万达开发建设企业的第一个商业地产项目，并与美国沃尔玛公司进行战略合作。由于不懂规划设计，失误较多，业务发展难。发展商业地产早期，万达采取单店模式，出售物业部分以单店为主 • 第二代万达以购物中心出现，业态有百货、超市、影院等五六个主力店，整体属于纯商业定位，零售比例占总经营面积80%以上。万达创造的订单地产商业模式，牢牢把握最重要的商业资源，先租后建，规避了商业地产的招商风险 • 2004年，万达开发建设首个第三代万达广场，全国首家提出"城市综合体"开发模式。城市综合体集购物、餐饮、文化、娱乐等多种功能于一体，形成独立的大型商圈。2005年，万达将商业、住宅两大公司合为万达商业地产股份有限公司，确立商业地产为万达核心产业。2005年，万达先后成立商业规划院、商业管理公司、酒店建设公司，形成商业地产的完整产业链，并进入了电影院线业务。2006年，万达奠定国内商业地产龙头地位

续表

发展阶段	历程简介
相关多元化发展阶段（2006～2014年）	• 进军相关产业，为商业地产提供配套。由于酒店能够与商业综合体形成互动，确保商业综合体的品质对城市的吸引力，2004年，万达选择进军酒店业。2007年，万达集团成立万达连锁百货。从进入零售业开始，万达百货的发展定位第一目标就不是赚钱，而是为了配合万达广场迅速开业 • 2009年1月，万达集团投资200亿元建设长白山国际度假区。长白山国际度假区是世界上最好的冰雪度假项目。2011年6月，万达投资5亿元正式成立万达影视制作公司，形成电影产业的完整产业链；同年11月，万达和美国弗兰克·德贡公司成立合资演艺公司。2012年，万达集团26亿美元并购全球第二大影院公司——美国AMC；同年，万达集团成立万达文化产业集团。万达文化集团是中国最大的文化企业 • 2013年，万达进入电商行业，万汇网（www.wanhui.cn）及手机客户端"万汇"上线试运行；2014年8月，万达集团、百度、腾讯在深圳举行战略合作签约仪式，宣布共同出资在香港注册成立万达电子商务公司；2014年，万达进入金融业。2014年10月，万达与中国平安保险（集团）股份有限公司签署全面战略合作协议。2014年12月，万达集团与快钱公司在北京签署战略投资协议，万达获得快钱控股权

注：根据万达集团官网资料整理。

附录五　五粮液集团发展历程简况

发展阶段	历程简介
专业化 发展阶段 （1985～ 1996年）	• 五粮液酒厂狠抓产品质量建设，通过原料处理、制曲、入窖、发酵、陈酿、勾兑等技术创新实现产品质量的提升，并确保产品质量的稳定 • 努力扩大生产规模。挖掘潜力，通过深化改革和强化管理来提高生产效率；先后改建和扩建部分生产车间；新建生产车间 • 通过1989年春季糖酒会的成功参会经历，五粮液酒厂正式从省内外中国名酒厂中脱颖而出，通过率先主动出击市场，与全国各地的经销商建立了的业务合作关系，为后来的快速发展奠定了市场基础 • 五粮液在保证提升质量的前提下，加快扩展生产能力，通过大规模新建生产车间、对原有的生产车间及相关的配套生产设施进行技术改造、改建、扩建，缓解企业发展中的生产能力瓶颈问题；同时也想方设法并购周边具有一定基础的酒厂 • 五粮液开始探索业务合作发展模式。在产品开发方面，以"五粮醇"为例，正是按销售商对产品感官要求，结合工厂生产工艺的具体特点而设计的。在市场开拓方面，1993年，香港银基国际发展有限公司、马来西亚的海鸥集团成为五粮液白酒海外市场拓展的合作商 • 五粮液酒厂开始走新品和精品发展之路。成功开发出"珍品WLY"、五粮春产品，进一步强化五粮液的高端形象
相关多元 化发展 （1997～ 2005年）	• 随着白酒产业的发展，白酒产业对相关配套产品及服务的需求量非常大。为保障白酒的高品质及大规模的需求，五粮液通过自筹资金，完善五粮液白酒生产的配套项目建设，进入包装印刷、高分子材料、物流等产业 • 与核心主业相关多元化产业，如模具、玻瓶、印刷、物流等产业把握机会做强。如模具产业，借助自身设备和技术方面的优势，在满足自身白酒业务对瓶盖需求基础上，与国内的大汽车集团、制造业集团、水电、航空集团建立了良好的商务配套关系，在国内模具行业形成竞争优势；物流产业在高端酒的运输配送方面，物流服务水平在业内处于领先地位，在区域市场及行业物流市场形成很强的竞争能力；玻璃制品产业不断以新产品引导集团外部消费市场

续表

发展阶段	历程简介
非相关多元发展阶段 （2006~2013年）	• 到2007年，五粮液多元化产业发展势头良好，与主业非关联产品市场份额普遍超过50%，主要子公司市场竞争力显著增强，普什、进出口公司年营业收入超过50亿元，环球、丽彩、安吉、川橡四个子公司销售收入超过10亿元。2010年，五粮液集团非酒业务的年销售收入已超过200多亿元，非酒业务的集团总销售收入占比已达60%以上，非酒业务的利税已超过20亿元，尽管在集团总利税额占比中不到20%，但非酒业务的发展已经取得显著的发展成绩。在酒业和非酒业的共同快速发展下，集团销售收入2010年突破400亿元大关，利税超过114亿元。在这14年间五粮液集团销售收入复合增长率超过22%，利税复合增长率达21%
相关多元化发展新阶段 （2014年至今）	• 2014年五粮液财务公司正式开业，这标志着五粮液涉足金融产业。财务公司作为集团公司打造的投融资平台，其定位于打造集团的"五大中心"。其一，为集团资金监控中心。主要是对集团资金进行集中管控，通过采取预算与计划相结合的管理方式，加强对集团资金流向的监控，优化资源配置。其二，为资金集中结算中心。主要为成员单位提供内部账户结算服务，并通过集中谈判，减少银行转账费用和汇兑费用等，在为成员单位提供安全、快捷结算服务的同时降低财务费用。其三，为集团投融资中心。主要通过开展内部集中授信、信贷、票据、担保、买方信贷、消费信贷等融资服务，减少集团成员单位融资成本，支持集团成员发展。其四，为集团金融咨询中心。主要为集团成员企业提供咨询、代理、财务顾问、信用鉴证、风险管理等专业化服务，为集团资产经营提供专业化的融资及金融风险管理建议等。其五，为金融人才培养中心 • 为了能够更好地对公司的酿酒基地进行利用，同时更好地发掘酿酒历史文化内涵，五粮液集团于2014年建立了五粮液旅游文化公司。五粮液此举是为了进一步提升公司形象，提升五粮液品牌知名度，积极推动五粮液工业生产园区旅游项目，实施五粮液旅游文化开发项目。游客们可以到五粮液工业园区领略和感受我国源远流长的酿酒文化，还可到车间亲自酿酒、品酒，并可将自己的所酿之酒买走，希望打造真正意义上的"体验式旅游"。五粮液旅游业的经营范围为酒类、旅游产品、服装、玻璃制品

注：根据收集资料整理。

附录六　海尔集团发展历程简况

发展阶段	历程简介
名牌战略阶段	• 20世纪80年代，正值改革开放初期，包括海尔在内的很多企业引进国外先进的电冰箱技术和设备。那时的家电产品供不应求，很多企业努力上规模，只注重产量而不注重质量。海尔没有盲目上产量，而是严抓质量，实施全面质量管理，提出了"要么不干，要干就干第一"。当家电市场供大于求时，海尔凭借差异化的质量赢得竞争优势。该阶段，海尔专心致志做冰箱，在管理、技术、人才、资金、企业文化方面有了可以移植的模式
多元化战略阶段	• 20世纪90年代，国家政策鼓励企业兼并重组，一些企业兼并重组后无法持续下去，或认为应做专业化而不应进行多元化。海尔的创新是以"海尔文化激活休克鱼"思路先后兼并了国内18家企业，使企业在多元化经营与规模扩张方面，进入了一个更广阔的发展空间。当时，家电市场竞争激烈，质量已经成为用户的基本需求。海尔在国内率先推出星级服务体系，当家电企业纷纷打价格战时，海尔凭借差异化的服务赢得竞争优势。该阶段，海尔开始实行OEC（Overall Every Control and Clear）管理法，即每人每天对每件事进行全方位的控制和清理。该管理法成为海尔创新的基石
国际化战略阶段	• 20世纪90年代末，中国加入WTO，很多企业响应中央号召"走出去"，但出去之后非常困难，又退回来继续做订牌。海尔提出"走出去、走进去、走上去"的"三步走"战略，以"先难后易"的思路，首先进入发达国家创名牌，再以高屋建瓴之势进入发展中国家，逐渐在海外建立起设计、制造、营销的"三位一体"本土化模式。该阶段，海尔推行"市场链"管理，以计算机信息系统为基础，以订单信息流为中心，带动物流和资金流的运行，实现业务流程再造。这一管理创新加速了企业内部的信息流通，激励员工使其价值取向与用户需求相一致
全球化品牌战略阶段	• 互联网时代带来营销的碎片化，传统企业的"生产—库存—销售"模式不能满足用户个性化的需求，企业必须从"以企业为中心卖产品"转变为"以用户为中心卖服务"，即用户驱动的"即需即供"模式。互联网也带来全球经济的一体化，国际化和全球化之间是逻辑递进关系。"国际化"是以企业自身的资源去创造国际品牌，而"全球化"是将全球的资源为我所用，创造本土化主流品牌，是质的不同。因此，海尔整合全球的研发、制造、营销资源，创全球化品牌。该阶段，海尔探索的互联网时代创造顾客的商业模式就是"人单合一双赢"模式

续表

发展阶段	历程简介
网络化战略阶段	• 海尔创客平台以投资驱动平台和用户付薪平台作为驱动机制,通过"人单合一双赢"模式创新让员工成为开放创新平台上的创业者,在为用户创造价值的同时实现自身的价值。在这一模式下,海尔将企业从管控型组织变成一个投资平台,员工从原来被动的命令执行者转变为平台上的自驱动创新者,而驱动员工创业的就是不断交互出的用户需求,企业与员工、合作方转为合作共赢的小微生态圈,原来串联的流程变成并联流程,所有各方并联在一起为市场共同创造价值 • 2014年海尔集团战略推进的主题颠覆为"企业平台化、员工创客化、用户个性化":企业平台化对应企业的互联网思维,即企业无边界;员工创客化对应员工的价值体现,员工成为自主创业创新的创新者;用户个性化对应着企业的互联网宗旨,即创造用户全流程最佳体验

注:根据海尔集团官网资料整理。

附录七 新希望集团发展历程简况

发展阶段	历程简介
创业期（1982~1986年）	1982~1986年为创业期，通过养殖鹌鹑完成资本的原始积累。从1982年开始，刘永好等四兄弟先后辞职到新津农村创业，依靠变卖家产所得的1000元创业资金，建立了育新养殖场。1986年，希望集团养殖的鹌鹑超过1000万只，四川新津县成为世界最大的鹌鹑养殖基地，他们用5年时间积累了1000万元，完成了资本的原始积累
主业成长期（1986~1995年）	1986~1995年为主业成长期，希望集团将饲料产业做强做大。20世纪80年代末期新希望的前身——育新养殖场开始战略转移，并定位于饲料业；通过聘请农业与畜牧业专家参与攻关，凭借着成本优势，希望牌饲料迅速抢占成都市场，并占据了绝对优势；在之后几年里，希望集团开始在全国布点，新建、收购饲料企业，规模逐渐扩大，品牌也逐步增多。1995年，希望集团被国家工商行政总局评选为中国最大私营企业第一位，被中国饲料工业协会评定中国饲料百强第一名
多元化发展期（1996~2003年）	• 1996~2003年为多元化发展期，该期间设立了新希望集团，进入金融、房地产、化工、乳业等产业，并且成功上市 • 1996年底新希望集团成立，此时中国金融业逐渐对民营企业开放，刘永好积极参与全国工商联牵头的谋办民生银行的行动，他联合多位民营企业家在政协提案设立民生银行。民生银行的成立扩大了新希望的资本规模，这样有利于主业的发展，同时也保障了主业发展 • 20世纪中后期，中国房地产处于低迷期，而1996年，新希望抓住了机会，把集团业务向房地产行业进行了拓展。因化工业与饲料行业的关系及化工行业前景，1997年，经过一年的市场调研和研讨，刘永好决定正式进军化工行业。2001年，出于对新希望财务整合的考虑，由新希望控股的四川新希望农业股份有限公司通过并购重组进入乳业
国际化发展期	1999~2004年为国际化发展期。从1999年4月开始，新希望先后在越南的胡志明市和河内投资兴办两个饲料厂，成为越南饲料业第一品牌。2001年末又在菲律宾投资开办国外第三家饲料企业，同时在委内瑞拉开始实施"新希望实验农场"项目。从2003年开始，新希望集团的两家越南饲料企业逐步实现盈利，其中河内饲料公司的盈利水平与国内同等投资规模的企业相当，且出现了供不应求的局面

续表

发展阶段	历程简介
"打造世界级农牧业企业"战略实施期	2005年至今为"打造世界级农牧业企业"战略实施期。经过30多年的发展,新希望已逐步成为以农牧业为根基,适度多元化发展,总资产超过200亿元的大型民营企业集团。根据新希望发展规模和海外市场发展状况,集团董事会在2005年初适时提出了打造"规范、环保、领先的世界级农牧业企业"的战略发展目标

注:根据收集资料整理。

参考文献

[1] Andrews, K. R. The Concept of Corporate Strategy [M]. Dow Jones – Irwin, Homewood. Ill., 1971.

[2] Ansoff, H. I. Corporate Strategy [M]. New York: McGraw – Hill, 1965.

[3] Barney, J. B. Firm Resource and Sustained Competitive Advantage [J]. Journal of Management, 1991, 17 (1): 99 – 120.

[4] C. K. Prchalad, R. A. Bettis. The Dominant Logic: A New Linkage between Diversity and Performance [J]. Strategic Management Journal, 1986 (17): 490.

[5] Caves, R. E. Uekusa, M. Industrial Organizationin Japan [J]. Washington: Brookings Institution, 1976: 59.

[6] Chandler, A. D. Strategy and Structure: Chapters in the History of the American Industrial Enterprise [M]. Cambridge, MA: MIT Press, 1962.

[7] Churchill N. C., Lewis V. L. The Five Stages of Small Business Growth [J]. Harvard Business Review, 1983, 61 (3): 30 – 50.

[8] Collis, D. J., Montgomery, C. A. Corporate Strategy: Resources and the Scope of the Firm [M]. Boston, MA: McGraw – Hill, 1997.

[9] Collis, D. J., Young, D., Goold, M. The Size, Structure, and Performance of Corporate Headquarters [J]. Strategic Management Journal, 2007, 28 (4): 383 – 405.

[10] Collis, D. J. and Montgomery, C. A. Competing on Resources [J]. Harvard Business Review, July – August, 2008: 140 – 150.

[11] Combs, J. G. et al. The Role of Resource Flexibility in Leveraging Strate-

gic Resources [J]. Journal of Management Studies, 2011: 1098 – 1125.

[12] Gilbert R. Gilber, Jr., et al. A Logic for Strategy [M]. Gambridge, Mass: Ballinger, 1988.

[13] Goold, M. Campbell, A. Strategies and Styles [M]. Oxford: Basil Blackwell, 1987.

[14] Goold, M., Pettifer, D., Young, D., Redesigning the Corporate Centre [J]. European Management Journal, 2001, 19 (1): 83.

[15] Goold, M., Campbell, A., Alexander, M. Corporate Stratrgy and Parenting Theory [J]. Long Range Planning, 1998, 31 (2): 308 – 314.

[16] Goold. M., Campbell, A., Alexander, M. How corporate Parents add Value to the Stand alone Performance of Ttheir Businesses [J]. Business Strategy Review, 1994, 5 (4): 33 – 55.

[17] Granovetter, M. Coase Revisited: Business Groups in the Modern Economy [J]. Industrial and Corporate Change, 1995, 4 (1): 93 – 129.

[18] Greiner L. Evolution and revolution as organizations grow [J]. Harvard Business Review, 1972 (50): 37 – 46.

[19] Guillén, M. Business Groups in Emerging Economies: A Resource – based View [J]. Academy of Management Journal, 2000, 43 (3): 362 – 380.

[20] Hofer, C., Schendel, D., Strategy Formulation: Analytical Concepts [M]. St. Paul, MN: West, 1978.

[21] Jay Barney. Firm resources and sustained competitive advantage [J]. Journal of Management, 1991 (1): 99 – 120.

[22] Khanna, T., Palepu, K., Policy Shocks, Market Intermediaries, and Corporate Strategy: The Evolution of Business Groups in Chile and India [J]. Journal of Economics & Management Strategy, 1999, 8 (2): 271 – 310.

[23] Khanna, T. and Palepu, K. Why Focused Strategies May Be Wrong for Emerging Markets [J]. Harvard Business Review, 1997, 75 (4): 41 – 50.

[24] Khanna, T. and Palepu, K. Is Group Affiliation Profitable in Emerging Markets? An Analysis of Diversified Indian Business Groups [J]. Journal of Finance, 2000 (55): 867 – 892.

[25] Khanna, T. and Rivkin, J. W. Estimating the Performance Effect of Business Groups in Emerging Markets [J]. Strategic Management Journal, 2001 (22): 45 - 74.

[26] Moore, J. F. Predators and Prey: A New Ecology of Competition [J]. Harvard Business Review, 1993, 5 (6): 75 - 86.

[27] Penrose, E. The theory of the growth of the firm [M]. Oxford: Oxford University Press, 1959.

[28] Porter, M. E. Competitive Advantage [M]. New York: Free Press, 1985.

[29] Porter, M. E. The Competitive Advantage of the Nations [M]. Free Press, New York, 1990.

[30] Porter, M. E. What is strategy? [J] Harvard Business Review, 1996 (November - December): 61 - 78.

[31] Prahalad C. K., Hamel Gary. The Core Competencies of the Corporation [J]. Harvard Business Review, 1990 (68): 79 - 91.

[32] Prahalad, Bettis, The Dominant Logic: A New Linkage between Diversity and Performance [J]. Strategic Management Journal, 1986 (7): 485 - 501.

[33] Samuel B, Bacharach et al. The Organizational Transformation Process: The Micropolitics of Dissonance Reduction and the Alignment of Logics of Action [J]. Administrative Science Quarterly, 1996 (41): 477 - 478.

[34] Sirmon, D., Hitt, M. A., Ireland, R. D., Gilbert, B. A. Resource Orchestration to Create Competitive Advantage: Breadth, Depth, and Life Cycle Effects [J]. Journal of Management, 2011 (37): 1390 - 1412.

[35] Smångs, M. The Nature of the Business Group: A Social Network Perspective [J]. Organization, 2006, 13 (6): 889 - 909.

[36] Teece, D. Profiting from Technological Innovation: Implications for Integration, Collaboration, Licensing and Public Policy [J]. Res. Policy, 1986, 15 (6): 285 - 305.

[37] Volberda H. W., Lewin A. Y. Co - evolutionary Dynamics within and between Firms: From Evolution to Co - evolution [J]. Journal of Management Studies, 2003, 40 (8): 2111 - 2136.

[38] Williamson, O. E. Transaction Cost Economie: The Governnance of Contractual Relations [J]. Journal of Law and Economics, 1979, 22 (2): 233 – 261.

[39] Yin R. K. Case Study Research: Design and Methods, 4th ed. [M]. Thousand Oaks: SAGE Publications, 2009.

[40] Yiu, D. W., Lu, Y., Bruton, G. D. and Hoskisson, R. E. Business Groups: An Integrated Model to Focus Future Research [J]. Journal of Management Studies, 2007 (44): 1551 – 1579.

[41] Zollo M., Winter S. G. Deliberate learning and the evolution of dynamic capabilities [J]. Organization Science, 2002, 13 (3): 339 – 351.

[42] [美] H. Igor Ansoff. 新公司战略 [M]. Assisted by Edward J. McDonnell, 曹德骏, 范映红, 袁松阳译. 成都：西南财经大学出版社, 2009.

[43] [美] Robert M. Grant. 公司战略管理 [M]. 胡挺, 张海峰译. 北京：光明日报出版社, 2004.

[44] [美] 科林斯·波勒斯. 基业长青 [M]. 真如译, 俞利军审校. 北京：中信出版社, 2006.

[45] [美] 罗伯特·K. 殷. 案例研究设计与方法 [M]. 重庆：重庆大学出版社, 2004.

[46] [美] 迈克尔·古尔德等. 公司层面战略：多业务公司的管理与价值创造 [M]. 黄一义等译. 北京：人民邮电出版社, 2004.

[47] "中国企业成功之道"五粮液案例研究组. 五粮液成功之道 [M]. 北京：机械工业出版社, 2011.

[48] 巴格海. 增长炼金术 [M]. 北京：经济科学出版社, 1999.

[49] 白保中, 郭清根. "三星电子"崛起因素分析及对我国 IT 企业的启示 [J]. 河南师范大学学报（哲学社会科学版），2009 (9)：119 – 121.

[50] 白景坤, 丁军霞. 辽宁竞争性国有企业改革的路径与对策研究——基于组织生态学视角 [J]. 辽宁大学学报（哲学社会科学版），2015 (1)：78 – 84.

[51] 白景坤. 机会逻辑下企业持续竞争优势的形成机理——动态能力多重观点的整合与拓展 [J]. 经济管理, 2014 (3)：180 – 189.

[52] 蔡树堂. 动态能力与企业可持续成长的关系研究 [J]. 云南财经大学

学报，2011（4）：118 – 126.

［53］曹利军，黄泳. 企业生态系统进化模型与进化机理研究［J］. 企业经济，2012（3）：56 – 59.

［54］曹仰锋. 海尔转型：人人都是 CEO［M］. 北京：中信出版社，2014.

［55］曾萍，吕迪伟. 中国企业成长战略选择：基于三种基础观的分析［J］. 科技进步与对策，2015（2）：51 – 57.

［56］曾毓香. 再谈我国企业非相关多元化战略的风险［J］. 中国总会计师，2012（12）：72 – 73.

［57］陈弘. 基于母合优势理论的母子公司协同机制研究［J］. 改革与战略，2011（6）：145 – 146.

［58］陈佳贵. 关于企业生命周期与企业蜕变的探讨［J］. 中国工业经济，1995（11）：5 – 13.

［59］陈景辉，师颖新. 基于"嵌入性"视角的跨国公司在华战略演进研究——从战略连接、战略嵌入到战略耦合［J］. 国际贸易问题，2011（12）：55 – 62.

［60］陈青姣. 集团公司产业平台战略要素、类型与效能研究［M］. 北京：科学出版社，2016.

［61］陈武朝. 经济周期、行业周期性与盈余管理程度——来自中国上市公司的经验证据［J］. 南开管理评论，2013（3）：26 – 35.

［62］陈志军. 集团公司管理——基于三种管控模式［M］. 北京：经济科学出版社，2010.

［63］程立茹. 互联网经济下企业价值网络创新研究［J］. 中国工业经济，2013（9）：83 – 94.

［64］程丽霞. 中国企业集团成长的系统分析［D］. 吉林大学博士学位论文，2006.

［65］戴良铁，戈维丽. 基于能力视角的企业成长研究：演化与研究取向［J］. 新疆大学学报（哲学人文社会科学版），2012（7）：45 – 49.

［66］戴勇，马本江. 动态能力的理论演进及其对高科技企业创新的战略涵义［J］. 科技管理研究，2007（4）：27 – 29.

［67］邓志旺. 公司多元化战略决策研究：产业的视角［D］. 复旦大学博

士学位论文, 2004.

[68] 董保宝, 葛宝山, 王侃. 资源整合过程、动态能力与竞争优势: 机理与路径 [J]. 管理世界, 2011 (3): 93 – 101.

[69] 董俊武. 企业的本质、性质与企业成长的理论研究 [D]. 武汉理工大学博士学位论文, 2004.

[70] 杜运周, 王小伟, 邓长庚, 舒清. 组织衰落与复苏战略: 国外理论述评及未来研究启示 [J]. 外国经济与管理, 2015 (6): 26 – 38.

[71] 段韵柳, 李锡元. 集团企业的知识共享模式探究——基于企业集权度和知识分离性的情境 [J]. 中国人力资源开发, 2011 (7): 31 – 35.

[72] 樊建锋, 田志龙. 转型时期中国企业的战略演变及其动因分析——以新希望集团为例 [J]. 软科学, 2010 (7): 101 – 105.

[73] 樊利钧. 基于资源共享的价值网企业合作创造价值机理研究 [D]. 浙江大学博士学位论文, 2011.

[74] 冯军政, 魏江. 国外动态能力维度划分及测量研究综述与展望 [J]. 外国经济与管理, 2011 (7): 26 – 33.

[75] 高晶, 关涛. 信息技术植入与柔性组织构建的耦合机理研究 [J]. 兰州大学学报 (社会科学版), 2014 (11): 94 – 100.

[76] 葛婧, 王远军, 赵茂磊. 集团总部在企业价值创造中的角色 [J]. 发展研究, 2005 (5): 53 – 54.

[77] 耿小庆. 组织知识创新与企业能力成长研究 [D]. 天津大学博士学位论文, 2008.

[78] 龚宏斌, 罗青军. 动态环境中的企业战略: 主导逻辑及规则的应用 [J]. 科学学与科学技术管理, 2004 (7): 138 – 141.

[79] 龚奇峰. 从多元化到成本领先: 基本战略演进的逻辑——交易费用、风险、时间变量及合约选择的一种解说 [J]. 经济研究, 2001 (5): 83 – 89.

[80] 龚一萍. 基于企业动态能力构建的制度因素与长效机制探析 [J]. 江汉论坛, 2012 (1): 54 – 58.

[81] 郭朝阳. 多元化公司的战略与控制: 以母公司优势为视角的研究 [M]. 北京: 经济管理出版社, 2008.

[82] 海尔集团人力资源平台. 按单聚散——海尔生态平台上的人力资源管

理新模式［J］．企业管理，2015（3）：6-11．

［83］韩福荣，徐艳梅．企业仿生学［M］．北京：企业管理出版社，2001．

［84］郝瑾．大型企业集团总部功能定位与价值创造研究——以海航集团为例［J］．现代管理科学，2015（9）：103-105．

［85］郝晓明，郝生跃．企业动态能力形成和培育路径研究［J］．中国科技论坛，2014（1）：94-100．

［86］洪璐．工业生态系统演进中的边界界定与组织模式比较［D］．西南交通大学博士学位论文，2011．

［87］侯汉坡，何明珂，庞毅，郑国梁．互联网资源属性及经济影响分析［J］．管理世界，2010（3）：176-177．

［88］侯杰，陆强，石涌江，戎珂．基于组织生态学的企业成长演化：有关变异和生存因素的案例研究［J］．管理世界，2011（12）：116-130．

［89］胡斌，章仁俊．企业生态系统的动态演化机制［J］．财经科学，2008（9）：78-85．

［90］胡旺盛．基于组织学习的动态能力研究［J］．财贸研究，2006（2）．

［91］黄汉民．组织能力：形成企业竞争优势的基础［J］．中南财经政法大学学报，2002（6）：114-118．

［92］黄炯．国有企业集团总部如何演变为价值创造型总部［J］．特区实践与理论，2014（4）：19-23．

［93］黄培伦，尚航标，李海峰．组织能力：资源基础理论的静态观与动态观辨析［J］．管理学报，2009（8）：104-110．

［94］黄群慧，白景坤．制度变迁组织转型和国有企业的持续成长——深入推进国有企业改革的生态学视角［J］．经济与管理研究，2013（12）：12-22．

［95］黄山，宗其俊，蓝海林．企业集团不相关多元化的路径探讨［J］．财会月刊，2008（1）：3-6．

［96］黄山，宗其俊，蓝海林．我国企业集团行业多元化动因的分析［J］．科学学与科学技术管理，2006（8）：109-116．

［97］黄山，宗其俊，吴小节，廖诺．如何使集团总部最大化创造价值——基于总部结构调整的观点［J］．科技管理研究，2010（19）：219-223．

［98］黄咏梅．从母合优势理论看中国企业集团发展［J］．宏观经济研究，

2007 (11): 59-63.

[99] 贾良定,张君君,钱海燕,崔荣军,陈永霞. 企业多元化的动机、时机和产业选择——西方理论和中国企业认识的异同研究 [J]. 管理世界, 2005 (8): 94-106.

[100] 菅青,吴骏. 战略性新兴产业与优势传统产业融合发展形成主导产业选择方法研究 [J]. 中国科技论坛, 2014 (5): 39-44.

[101] 金碚. 中国企业竞争力报告 (2003):竞争力的性质和源泉 [M]. 北京:社会科学文献出版社, 2003.

[102] 金帆. 价值生态系统:云经济时代的价值创造机制 [J]. 中国工业经济, 2014 (4): 97-109.

[103] 井润田,宁静,张远. 合资企业管理:文化、结构与行为 [M]. 北京:科学出版社, 2008.

[104] 敬永春. 国有企业集团管理母合优势的重构研究 [J]. 软科学, 2010, 24 (1): 105-110.

[105] 康荣平,柯银斌. 格兰仕集团的成长、战略与核心能力 [J]. 管理世界, 2001 (1): 189-195.

[106] 康荣平,柯银斌. 中国企业核心能力剖析:海尔与长虹 [J]. 中国工业经济, 2000 (3): 64-69.

[107] 康荣平. 企业专业化成长:利基战略 [J]. 经济管理, 2003 (5).

[108] 蓝海林. 集团公司是一种什么样的组织? [J]. 企业管理, 2004 (8): 86-88.

[109] 蓝海林. 企业战略管理 [M]. 北京:科学出版社, 2011.

[110] 蓝海林等. 中国多元化企业的战略管理研究 [M]. 北京:经济科学出版社, 2008.

[111] 李飞. 企业成长路径与商业模式的动态演进 [D]. 天津大学博士学位论文, 2010.

[112] 李钢. 财务指标对企业竞争力影响的实证分析 [J]. 管理科学, 2004 (4): 72-77.

[113] 李海舰,田跃新,李文杰. 互联网思维与传统企业再造 [J]. 中国工业经济, 2014 (10): 135-146.

[114] 李军波,蔡伟贤,王迎春. 企业成长理论研究综述 [J]. 湘潭大学学报（哲学社会科学版）, 2011 (11): 19-24.

[115] 李兴旺. 动态能力理论的操作化研究: 识别、架构与形成机制 [M]. 北京: 经济科学出版社, 2006.

[116] 李烨,李传昭,罗婉议. 战略创新、业务转型与民营企业持续成长——格兰仕集团的成长历程及其启示 [J]. 管理世界, 2005 (6): 126-135.

[117] 李允尧. 企业成长能力研究 [D]. 中南大学博士学位论文, 2007.

[118] 李占祥. 为企业可持续成长而管理 [J]. 经济理论与经济管理, 2002 (8).

[119] 梁运文,谭力文. 商业生态系统价值结构、企业角色与战略选择 [J]. 南开管理评论, 2005 (8): 57-63.

[120] 林梅,蓝海林. 转型经济时期中国企业集团战略学习、能力与战略选择研究 [M]. 北京: 经济科学出版社, 2006.

[121] 林萍. 组织动态能力与绩效关系的实证研究: 环境动荡性的调节作用 [J]. 上海大学学报（社会科学版）, 2009 (11): 66-77.

[122] 刘彪文. 企业成长论 [M]. 北京: 线装书局, 2010.

[123] 刘斌. 三维突破: 结构中国企业集团成长 [M]. 北京: 中国人民大学出版社, 2012.

[124] 刘刚,刘静. 动态能力对企业绩效影响的实证研究——基于环境动态性的视角 [J]. 经济理论与经济管理, 2013 (3): 83-94.

[125] 刘刚. 动态组织能力与企业组织的创新和演进 [J]. 南开学报（哲学社会科学版）, 2006 (6): 69-78.

[126] 刘刚. 企业成长之谜: 一个演化经济学的解释 [J]. 南开经济研究, 2003 (5): 9-14.

[127] 刘钢庭,谢洪明,蓝海林. 我国集团公司战略的演变及其新解释 [J]. 企业经济, 2002 (6): 35-36.

[128] 刘戈. "三星式裂变"的启示 [J]. 中外管理, 2015 (4): 74-75.

[129] 刘骏. 高技术企业成长生态系统作用机制探讨 [J]. 统计与决策, 2016 (8): 177-179.

[130] 刘蕾. 企业核心业务能力与企业核心竞争力 [J]. 经济问题探索,

2005 (7): 82-84.

[131] 刘力刚. 企业持续发展论 [M]. 北京: 经济管理出版社, 2001.

[132] 刘琼, 邓亚中. 基于资源基础观的企业多元化理论现状与展望 [J]. 云南财经大学学报, 2015 (2): 82-89.

[133] 刘升福. 企业战略风险理论研究及实证分析 [D]. 武汉理工大学博士学位论文, 2004.

[134] 刘泳, 陈荣耀. 能力本位与企业成长战略 [J]. 经济与管理研究, 2001 (4): 63-66.

[135] 娄美珍, 俞国方. 产业生态系统理论及其应用研究 [J]. 当代财经, 2009 (1): 116-122.

[136] 楼永. 企业多元化: 基于能力理论的研究 [D]. 复旦大学博士学位论文, 2004.

[137] 卢萍. 我国大型企业集团企业成长与产融结合之研究 [J]. 科技管理研究, 2007 (11): 28-29.

[138] 陆亚东, 孙金云. 中国企业成长战略新视角: 复合基础观的概念、内涵与方法 [J]. 管理世界, 2013 (10): 106-117.

[139] 路风. 从结构到组织能力: 钱德勒的历史性贡献 [J]. 世界经济, 2001 (7): 71-74.

[140] 吕波. 企业成长路径理论与案例 [M]. 北京: 中国财富出版社, 2013.

[141] 马浩. 竞争优势: 解剖与集合 [M]. 北京: 北京大学出版社, 2010.

[142] 马浩. 战略管理学精要 [M]. 北京: 北京大学出版社, 2008.

[143] 迈克尔·波特等. 战略: 45 位战略家谈如何建立核心竞争力 [M]. 北京: 中国发展出版社, 2002.

[144] 迈克尔·古尔德, 安德鲁·坎贝尔, 马库斯·亚历山大. 公司层面战略 [M]. 黄一义等译. 北京: 人民邮电出版社, 2004.

[145] 毛蕴诗, 孙景武, 杜慕群, 曾国军. 世界五百强的特征及其对中国企业的启示 [J]. 中山大学学报 (社会科学版), 2002 (5): 76-83.

[146] 孟卫东, 张卫国, 龙勇. 战略管理: 创建持续竞争优势 [M]. 北

京：科学出版社，2004.

［147］穆文奇，郝生跃，任旭. 不确定性环境下企业竞争优势重获与优化［J］. 科技进步与对策，2014（8）：86-91.

［148］裴晓东，祁俊云. 企业集团多元化经营战略——基于核心竞争力与经营资源剩余的模式［M］. 北京：经济科学出版社，2012.

［149］裴中阳. 集团公司运营管控［M］. 广东经济出版社，2004.

［150］彭娟，杨赫. 弱周期性行业盈利稳定性和企业成长性的实证分析——基于医药和食品行业的数据研究［J］. 上海管理科学，2014（6）：65-70.

［151］彭新武. 多元化经营的利弊分析及选择要素［J］. 北京行政学院学报，2010（3）：58-63.

［152］齐永兴. 我国中小企业动态能力培育路径与提升策略［J］. 财经理论研究，2015（2）：98-102.

［153］祁顺生. 国际企业经营战略演进及其启示［J］. 世界经济与政治论坛，2011（6）：51-54.

［154］邱国栋，王雅娟. 动态的组织能力及其生成机制探析［J］. 黑龙江社会科学，2009（6）：47-51.

［155］裴晓东，祁俊云. 企业集团多元化经营战略——基于核心竞争能力与经营资源剩余的模式［M］. 北京：经济科学出版社，2012.

［156］芮明杰. 对企业多元化发展战略的再认识［J］. 工业经济，1998（11）：53-55.

［157］芮明杰. 中国企业发展的战略选择［M］. 上海：复旦大学出版社，2000.

［158］沙子振，张鹏. 核心能力与动态能力理论界定及关系辨析［J］. 华东经济管理，2010（10）：100-103.

［159］尚航标. 动态环境下战略决策者管理认知对战略反应速度与动态能力的影响研究［D］. 华南理工大学博士学位论文，2010.

［160］尚吉永，侯光明. 民营企业"战略—组织"的共生演进——对企业家角色的再思考［J］. 技术经济，2016（1）：51-60，70.

［161］沈占波. 基于组织学习导向的动态能力培育策略［J］. 科技进步与对策，2010（5）：128-132.

[162] 施放. 企业跨国经营及多元化战略理论研究与决策分析 [D]. 上海交通大学博士学位论文, 1995.

[163] 宋林, 顾力刚. 企业生态系统的形成动因分析 [J]. 改革与战略, 2011 (1): 140-142.

[164] 宋培林. 试析企业成长不同阶段的企业家胜任力结构及其自我跃迁机理 [J]. 经济管理, 2011 (3): 183-190.

[165] 宋正刚, 牛芳. 企业成长性的界定及其评价研究述评 [J]. 现代管理科学, 2015 (6): 109-111.

[166] 苏敬勤, 崔淼. 环境不确定性、能力基础与业务调整: 理论与案例 [J]. 科研管理, 2011 (2): 106-112.

[167] 孙大鹏, 苏敬勤, 仲小云. 核心业务测度及实证研究 [J]. 研究与发展管理, 2006 (4): 71-77.

[168] 孙大鹏. 制造业企业核心业务评价及其外包决策与模式研究 [D]. 大连理工大学博士学位论文, 2006.

[169] 孙海波, 宋曦. 货币周期指导下的行业投资组合构建 [J]. 中央财经大学学报, 2009 (11): 41-46.

[170] 孙连才. 商业生态系统视角下的企业动态能力与商业模式互动研究 [D]. 华中科技大学博士学位论文, 2013.

[171] 覃巍. 企业成长理论中的生物学类比研究回顾与展望 [J]. 外国经济与管理, 2012 (9): 7-14.

[172] 谭新生. 组织能力观与传统资源观的比较分析——对持续竞争优势的新诠释 [J]. 外国经济与管理, 2003 (8): 22-26.

[173] 田超. 核心能力战略及实证研究 [D]. 复旦大学博士学位论文, 2003.

[174] 汪孟艳. 基于企业成长视角的产学研合作创新网络研究 [D]. 天津大学博士学位论文, 2012.

[175] 王昶, 王国顺. 基于母合优势的多元化公司业务组合规划决策与模糊综合评价 [J]. 科技管理研究, 2005 (5): 145-149.

[176] 王昶, 徐尖, 万剑. 网络嵌入视角下的集团总部理论研究 [J]. 管理评论, 2015 (12): 164-170.

[177] 王大洲. 持续创新与企业成长——海尔集团公司的成长历程及其启示 [J]. 科研管理, 1999 (1): 36-41.

[178] 王海峰. 试析企业战略与经济周期 [J]. 北方论丛, 2003 (4): 18-22.

[179] 王洪运. 基于柔性的企业发展战略理论研究 [J]. 武汉理工大学学报, 2006.

[180] 王健林. 万达哲学 [M]. 北京: 中信出版社, 2015.

[181] 王涛, 任荣. 基于资源与能力演进的企业成长研究 [J]. 兰州学刊, 2008 (8): 81-84.

[182] 王炜. 基于核心能力的企业战略扩张能力研究 [D]. 华中科技大学博士学位论文, 2009.

[183] 王翔. 企业动态能力演化理论和实证研究 [D]. 复旦大学博士学位论文, 2006.

[184] 王晓明, 施建军. 企业多元化战略选择的路径依赖——以 TCL 公司为例 [J]. 管理现代化, 2006 (3): 40-42.

[185] 王秀江, 彭纪生. 组合能力演进与企业自主创新跃迁——来自泰山玻纤的案例 [J]. 经济管理, 2009 (5): 125-133.

[186] 王毅. 以核心能力为主导逻辑的战略管理 [J]. 科研管理, 2001 (5): 13-19.

[187] 王勇, 高佳卿, 方淑芬. 集团总部的价值创造 [J]. 企业管理, 2006 (1): 94-95.

[188] 王玉, 王丹. 世界 100 强企业的业务组合 [J]. 经济管理, 2008 (23): 68-73.

[189] 王玉锁. 我国大型集团企业核心能力提升模式研究 [D]. 天津财经大学博士学位论文, 2007.

[190] 王忠. 我国企业绩效评价指标体系构成研究 [J]. 北京工商大学学报 (社会科学版), 2005 (7): 35-37.

[191] 韦小柯. 多元化业务相关性与企业绩效关系研究 [D]. 浙江大学博士学位论文, 2007.

[192] 魏江, 焦豪. 创业导向、组织学习与动态能力关系研究 [J]. 外国

经济与管理，2008（2）.

[193] 魏丽娜. 从一般管理到母合优势——多元化经营的管理逻辑演变[J]. 经济管理，2006（7）：27-29.

[194] 温承革，朱艳红. 企业集团总部控制与协调机制研究[J]. 苏州科技学院学报（社会科学版），2006（11）：41-44.

[195] 温承革. 中国企业集团总部的价值创造作用[J]. 经济问题探索，2007（12）：149-153.

[196] 吴国鼎，张会丽. 多元化经营是否降低了企业的财务风险？——来自中国上市公司的经验证据[J]. 中央财经大学学报，2015（8）：94-101.

[197] 吴海平，宣国良. 价值网络的本质及其竞争优势[J]. 经济管理，2002（24）：11-17.

[198] 吴汉民. 表达抽象归类——关于概念发生的探讨[J]. 哲学动态，1999（2）：25-27.

[199] 吴思. 从机会导向到战略导向：对我国企业多元化战略的再思考——以五粮液集团为例[J]. 经济与管理研究，2010（3）：45-51.

[200] 夏建华. 基于产业网络的企业成长研究[D]. 武汉理工大学博士学位论文，2011.

[201] 项保华. 战略管理——艺术与实务[M]. 北京：华夏出版社，2001.

[202] 项国鹏. 企业战略的生态学透视[J]. 自然辩证法研究，2007（4）：9-12.

[203] 肖海林. 企业最优业务组合战略的一个理论廓清——以格兰仕为案例[J]. 经济管理，2009（10）：126-133.

[204] 肖磊，李仕明. 商业生态系统：内涵结构及行为分析[J]. 管理学家（学术版），2009（1）：43-49.

[205] 肖磊. 基于技术变革的价值生态系统研究——内涵、结构及演化[D]. 电子科技大学博士学位论文，2009.

[206] 许小君. 企业政治战略影响因素与绩效关系研究[D]. 西南财经大学博士学位论文，2012.

[207] 薛爽. 经济周期、行业景气度与亏损公司定价[J]. 管理世界，

2008 (7): 145-150.

[208] 亚当·斯密. 国富论（上卷）[M]. 北京: 商务印书馆, 1994.

[209] 杨东文. 集团总部干什么？[J]. 销售与市场（评论版）, 2013 (4): 29-31.

[210] 杨杜. 企业成长论[M]. 北京: 中国人民大学出版社, 1996.

[211] 杨刚, 李光金. 协同演化视角下集团型企业战略思维的认知要素研究[J]. 经济经纬, 2014 (7): 80-85.

[212] 杨刚. 企业战略思维的认知视角、认知要素及组合模式研究[D]. 四川大学博士学位论文, 2014.

[213] 杨桂菊. 代工企业转型升级: 演进路径的理论模型——基于3家本土企业的案例研究[J]. 管理世界, 2010 (6): 132-142.

[214] 杨蕙馨, 李峰, 吴炜峰. 互联网条件下企业边界及其战略选择[J]. 中国工业经济, 2008 (11): 88-97.

[215] 杨林, 陈传明. 多元化发展战略与企业绩效关系研究综述[J]. 外国经济与管理, 2005 (7): 34-43.

[216] 杨林, 陈传明. 基于企业价值最大化的多元化发展战略调整研究[J]. 经济与管理研究, 2007 (10): 76-82.

[217] 杨洋. 企业成长的一个概念框架——基于若干学者的企业成长概念分析[J]. 东南大学学报（哲学社会科学版）, 2011 (9): 61-65.

[218] 叶广宇, 陈静玲, 蓝海林. 企业总部价值创造方式与转型期中国企业总部类型[J]. 管理学报, 2010, 7 (3): 331-337.

[219] 尹育航, 郭晓顺, 杨青. 民营企业可持续成长核心能力的形成内因分析[J]. 科技与管理, 2008 (11): 33-35.

[220] 余菲菲, 张阳. 协同演化视角下公司战略与业务战略的互动研究[J]. 科学学与科学技术管理, 2008 (10): 159-163.

[221] 余光胜. 产业视角的企业战略——战略理论的反思与融合[M]. 上海: 上海财经大学出版社, 2008.

[222] 余光胜. 一种全新的企业理论——企业知识理论[J]. 外国经济与管理, 2000 (2): 8-10.

[223] 余作平. 论多元化企业战略演化的方向、路径及动态[J]. 科技进

步与对策,2003(11):48-49.

[224] 喻缨,霍国庆.中国制造业企业非相关多元化经营绩效的实证研究[J].科学学与科学技术管理,2007(5):117-121.

[225] 张敬伟.新企业成长过程研究述评与展望[J].外国经济与管理,2013(12):31-40.

[226] 张米尔,田丹.基于利基策略的企业核心技术能力形成研究[J].科学学研究,2005(6):388-39.

[227] 张攀,耿涌.产业生态系统多样性发展机制研究[J].科技与经济,2008(6):41-47.

[228] 张胜,路风.企业竞争范围与竞争优势的源泉:企业能力范式的解释[J].世界经济,2003(9):56-61.

[229] 张卫国,姜继良,罗军.基于企业资源的非相关多元化战略扩张研究[J].科技进步与对策,2007(6):97-100.

[230] 张毅,刘志学.跨国公司在华投资战略演进路径分析[J].管理世界,2008(11):180-181.

[231] 张燚,张锐.企业生态系统的构成及运行机制研究[J].科技管理研究,2005(3):58-61.

[232] 赵蓓,袁政慧.超竞争环境下的组合战略:理论分析与泉州实例[J].东南学术,2011(6):92-103.

[233] 赵剑波.海尔集团在互联网时代的转型与创新[J].新经济导刊,2014(7):72-73.

[234] 赵瑾璐,唐柳洁.实际经济周期理论在企业多元化经营战略中的作用[J].中国特色社会主义研究,2006(2):90-92.

[235] 赵冉,蒋运通.企业成长力的阶段性评价[J].华东经济管理,2009(11):95-98.

[236] 赵永杰,刘浩.基于系统协同视角的动态能力演进模式研究[J].改革与战略,2011(7):57-60.

[237] 赵永杰.组织能力分层演进研究——以丰田汽车公司为例[J].技术经济与管理研究,2010(6):78-81.

[238] 郑立东,程小可,姚立杰.经济政策不确定性、行业周期性与现金持

有动态调整 [J]. 中央财经大学学报, 2014 (12): 68-78.

[239] 郑明身. 多元化与专业化动态结合 [J]. 经济管理, 2001 (9): 33-36.

[240] 中国社会科学院语言研究所词典编辑室. 现代汉语词典 [M]. 北京: 商务印书馆, 2011.

[241] 周放生. 关于集团公司的几个理论问题 [J]. 管理世界, 1996 (5): 120-127.

[242] 周三多, 邹统钎. 战略管理思想史 [M]. 上海: 复旦大学出版社, 2003.

[243] 周衍鲁, 李峰. 互联网条件下企业边界的变化 [J]. 华东经济管理, 2006 (1): 86-88.

[244] 祝锦祥. 基于能力系统演进视角的企业转型成长过程研究 [D]. 东华大学博士学位论文, 2014.

[245] 卓素燕. 企业成长战略基础的理论脉络梳理及进一步的思考 [J]. 西安电子科技大学学报 (社会科学版), 2014 (9): 16-25.